我的婚姻还有救吗？

[日] 信田小夜子 著

董方 译

中信出版集团｜北京

| 目 录 |

前言 _ i

序 章
"夫妻关系"中的落差

夫妻情景 _ 003
现代版"女人三界无家" _ 014

第一章
"浪漫爱情"的幻想

女性通过婚姻能得到的东西 _ 043
"婚姻是人生的坟墓"的真正意义 _ 063
被出轨、被家暴也得忍 _ 075

第二章
想要拯救丈夫的妻子们

"共同依赖"的人们 __ 085
承认自己是受害者的困难 __ 109
什么样的男人会打人? __ 120

第三章
"女人"沉没时,"母亲"出现

女人的支配,男人的支配 __ 141
"母亲"的地位 __ 152
拯救者之罪 __ 159

第四章
女人的人生很潇洒

离婚的人和不能离婚的人 __ 173
受到伤害的不是心，而是人生 __ 182
近代家庭的牺牲者们 __ 187
隐藏在"习惯"里的东西 __ 198

第五章
生存下去的"技能"

无法离婚的"权宜之计" __ 207
从"一无所有"开始 __ 217

后记 __ 228
文库版后记 __ 230

前言
はじめに

我是一个"杂志依赖症"患者,但凡搭乘地铁或其他公共交通工具就非得买本杂志不可。

男性杂志与女性杂志的区别显而易见,不过两种我都经常看。有一次,一个朋友见我拿着本女性杂志而指责我,她看到那本杂志就像看到了什么见不得人的东西似的,然后叹着气说:"这种杂志,你还特意自己买来看哦?"

"嗯?怎么了?车上看啊。"

她听闻差点没晕倒,大叫道:"你就不难为情吗?"照她的意思,女性杂志就是"去美容院打发时间,随便翻翻就好的"。该吃惊的是我吧,女性杂志里也有一些可读性较强的连载。

那些女性杂志的重头戏是与"结婚"有关的特辑,甚至还有月刊直接取名《婚礼杂志》,这些都不足为奇。

常年阅读女性杂志让我深深感到，把结婚当作人生梦想这种观念已经巧妙地植入人们的意识当中。著名设计师的时装秀总会以婚纱展示作为压轴。在人生的诸多重大仪式中，婚礼也是除葬礼以外为数不多的自己能担任主角的场合。虽然只有两个字（"婚礼"），但其中却饱含着深刻的意义与无法计量的情感。

艺人们的婚约、结婚时幸福美满的婚礼场面，以及新人噙着泪水在闪光灯前展示的左手无名指上那枚钻石婚戒……在婚礼引得人们产生幻想的同时，一种成就感——从此我们拥有了通往幸福的护照——也在通过杂志上的照片传递给读者。

牵了手的新人心中一定充满喜悦，我不认为那都是假的。但"进入家庭"这一说法只用在女性身上，绝不用于男性，未免也太不可思议了。

"你结婚了是吧，恭喜哦。"

"是啊，谢谢。"

"那现在你不用上班了咯？"

在这样的对话中，被问的那个一定不是男性。当然，看到或听到的人，也会认为回答者一定是女性。

那是三十多年前的事了。当时，公司的一位同事结婚，不久他妻子就怀孕了。他妻子是公务员，业务能力很强，业绩也非常好，所以收入相当可观。我想当然地以为，我同事可以为了照顾孩子先停职或接受外聘，而他的妻子继续工作。当时我并没有意识到自己的这种想法极为另类。

"那么，之后有段时间要见不到你了。"

"嗯？为什么？"

"你妻子不是怀孕了吗？"

"是啊，找托儿所真让人头痛。"

"以后接送小孩也许要用到车了。"

"可是我没有驾照，还好她有。"

讲到这儿我才发现原来是起了误会。

"啊？是你妻子把工作给辞了？"

"当然啦，不过得熬上一段日子了。"

后来我建议他工资少可以先停下，让妻子来养家较为妥当。不知道是不是因为这话伤了我同事的自尊，我们之后的关系变得很僵。

三十多年后的今天，我承认情况大有改观。不过，"婚姻是对幸福的承诺，与所爱的人结婚是人生最大的幸福"这一根深蒂固的想法并没有太多改变，反而更深入人心了。

这也可以被称作浪漫主义爱情观，坚信同时拥有"爱"、

"性"和"婚姻"的女性才是人生大赢家,而这种观念在女性身上得到了更为深刻的验证。对男性而言,他们会希望自己的配偶把这种观念视为信仰,但自己绝对不会将其视为行为准则。

女性是从心底里相信"爱"、"性"和"婚姻"三者合一的理论,她们大多把丈夫的工作放在首位,再将自己的人生托付给丈夫。一旦进入家庭,便会抛开工作,把大量的精力投入育儿。要不是把这种经过美化、合理化的观念视为信仰,恐怕是难以做到的。

过去,这类女性的一生被比作"女人三界无家"。只是现在的情况与过去相比又有什么区别呢?

只把一个男人的爱情视为最终信赖的依据很危险,而这种危险行为就是结婚。

当美梦破灭时要怎么办?

如果是在美国,人们可能会离婚。没有爱情就分开,这样简单的男女间的爱情幻想,可以通过法律来维系。

可在日本呢?年过四十,好,就算是三十五岁的欧巴桑[1]离婚后,又找到一份工作……事情变得没有那么简单。

---

1. 欧巴桑:日语"大嫂""阿姨"的汉语音译,原是中性词,后来用于称呼女性时往往带有贬义。——编者注(如无特殊说明,书中脚注均为编者注)

另外，如果把妻子的位子比作宝座，你坐在上面时是看不见的，只有离开才会发现宝座外面笼罩着一张巨大的安全网，那里是有安全防护的。预料到这一点的人，就会对离开宝座产生恐惧。

据实分析是我从事心理咨询工作的重大判断要素之一。例如，如果丈夫背叛妻子的信任，妻子只是十分厌恶丈夫，这时，我们就不能直接给出这样的建议——你们离婚吧。对于不想分手的女性，我们的工作是找到一个能尽量避免分手的方法。

这本书不是在讲刻板的理论知识，而是着眼于现实，从实际情况出发。如果现实无法改变，我们就得试着思考如何解决现实中的问题。

我知道离婚有时候可能是最好的选择，但实际上很多女性无法做到这一点。解决问题的方法不是只有离婚一条路。面对不尽如人意的现实也并非只能选择放弃。有没有其他方式，既不会把自己的不幸——这种事谁都经历过吧——当作勋章，也不会从此将希望寄托在孩子身上，并将其作为对自己的补偿，更不会对丈夫进行报复呢？这便是本书想要探寻的方向。

我想，接下来大家要读到的内容可能并不轻松。通常我在写文章的时候，总会将愤怒的情绪转化成能量，这本书当然也不例外。"简直了，竟有这种事？"类似这样的愤怒表达在书中随处可见。

为什么现在一定要把夫妻两个人的事当作一个问题来看待？答案很简单——因为会给孩子带来困扰。我完全不想剥夺男女之间的小情小爱，但你们有为人父母的责任，因为孩子的成长少不了父母的陪伴。在日常咨询的过程中，我遇到过太多的人是目睹着父母的爱恨情仇长大的。

在询问父母是怎样的父母之前，我会先问他们的夫妻关系是怎样的，因为这会首先对孩子造成深远的影响。这就是我想要正面解决夫妻问题的原因所在。

在本书中反复出现的浪漫主义爱情观念和人们对婚姻的幻想，不仅没有减少，反而随着经济的不景气变得越来越强，甚至有蔓延的趋势。正因为面对这样的现状，我认为，我们——尤其是女性——更应该了解婚姻的真相、婚姻制度以及婚姻的危险性。因为在婚姻中受到严重伤害的往往是女性。希望那些觉得"现在还算幸福"的人也能阅读本书，就当替未来买了份"保险"。只有认识到危险性，才能安全驾驶。

我希望大家可以稍微停下来想一想什么是"正常",什么是正常的家庭、正常的幸福。因为一个存在家暴或酒精依赖问题的家庭是异常的,而不是特殊的。当我们把"健康"与"病态","正常"和"异常"分割开,所有的歧视、支配、欺凌和敌视便会随之发生。

我从心理咨询的经验中得到的真实体会是:正常家庭与家暴家庭或虐待家庭其实是紧密连接的。"轨道是一路连着的。"沿着这条轨道,正常家庭也会走向家暴家庭或虐待家庭,没有哪里是被隔开或切断的,它们是连续的。

如果本书能将这种连续性多少传达给读者一些,就能在被割裂的"健康"与"病态"、"正常"与"异常"之间打开通路。我认为,这条通路不但能连接两端,还能为缠绕在夫妻或亲子间的问题找到突破口。

如果可以的话,我希望各位男同胞也能阅读本书,因为这也是一本了解女性的最佳指南。如果阅读本书能够让差异巨大的两性彼此拉近距离,那也是一件十分幸运的事。

我对"心灵时代"这一说法是抵触的。一旦讲出"我的内心",责任就会落到自己身上。但这很奇怪。人自出生后,很多事情不是自己的责任。生而为女人不是自己的过错。

更糟糕的是,现代女性还要被细分成不同阶层。女性学历越低、收入越低,结婚年龄就越小。她们意识到一个人难以生活时,就会选择结婚。但同时,日本晚婚现象日趋严重,拥有一定学历的女性,选择不结婚的越来越多。这可能是因为对她们来说,婚姻不会给自己的人生带来任何好处吧。

艺人们穿着美丽的婚纱举行豪华婚宴的场面,会通过媒体传播给大众。甚至还有专门以结婚为主题的杂志。有关婚礼或珠宝店的梦幻般的电视广告,也始终吸引着年轻女性。

一边是对结婚幻想的重度泛滥,另一边是晚婚现象的日趋严重。这样的两极分化究竟意味着什么?

结婚的目的是什么?人们如今能够提出这样一个简单问题,我认为是一件非常值得高兴的事。

2003 年 7 月

序章 『夫妻关系』中的落差

夫妻情景

夫婦の情景

登山归来的中年男女

我所居住的地方位于JR中央线沿线，这条线路由东至西贯穿了整个东京。

大概因为是工作狂，星期天我也经常外出工作。傍晚时分，经常会在天黑后的车厢里看到这样的画面——一对登山归来的中年男女，不，应该形容为中老年男女更为贴切。我想，他们可能是从青梅深处或山梨县登山回来。他们背着大大的背包，戴着帽子，脚踩登山靴，跟随人潮一窝蜂涌入车厢。随着车辆到站，其他人一个又一个下车，最后只剩下他们。

只剩两人独处时，男女脸上无一例外地都会流露出难以形容的疲倦、冷漠和自暴自弃。我知道，这样盯着他们看十分失礼，但他们的表情前后落差之大着实叫人吃惊。更有意思的是，女方一副"无可奈何"的表情更是引起了我浓浓的兴趣。

"明天生活还要继续"，这种无可奈何透过她那松弛又长满斑点的皮肤表面，慢慢往外渗出。

女人漫无表情地望向窗外。"是要和坐在身旁的这个男人一起度过漫长的老年时光吗？……"我能感受到她的整个身体都在传递这样一个信息。

相比之下，那个貌似她丈夫的男人时而打瞌睡，时而挖鼻孔，或是不紧不慢地抖开一份体育报，发出哗啦哗啦的声音。妻子冷冷地瞥了一眼丈夫，表情变得越发严峻，厌恶之情表露无遗。

这世上，像这样的伴侣似乎在不断增加。而在日本，无论你走到哪里，都会遇到这样的中老年夫妇，他们精神抖擞地踏遍每一个角落，宛如云霞般涌动，永不停息。

过去的女性到老都还有家务缠身。相比之下，夫妻俩能够元气满满地一起爬山是多么幸福，或许还应该替他们高兴。但我在中央线上多次看到的情景，特别是妻子那副不抱任何希望的表情，又算怎么回事呢？这让我细思极恐，并感到不适。

潇洒的丈夫

大概是前年吧,为了去欧洲旅行,我一大早就从新宿出发,搭乘成田特快去往机场。

那会儿是八月下旬,车厢内已坐满乘客。一对七十岁左右的夫妻并排坐在我面前。成田特快上面对面的座位很多,所以即便不乐意,也没办法不看到正对面的那对夫妻。

盯得太紧未免失礼,我只能假装半睡半醒,时不时还翻翻手上的杂志。奇怪的是,他俩一路并无任何交谈。我偶尔会偷瞄一眼,丈夫紧锁眉头,始终望向窗外。他外面穿着颇有质感的灰白色亚麻质地的西装外套,里面配上黄色 Polo 衫,打扮得很时髦。妻子呢,尽管坐着看不出身高,但看上去身材苗条。浅蓝色毛衣,外加同色开衫,一头白发染成了淡紫色,对了,她那精心修剪过的指甲上还涂着红色指甲油。

可是,她自始至终保持着同一个表情。白皙的皮肤让那种一动不动的样子显得有些诡异。我多次回想起那个表情,打个比方,她就像我那次旅行在伦敦杜莎夫人蜡像馆看到的撒切尔夫人的蜡像。

眉头紧锁、始终望向窗外的丈夫,如蜡像般凝固,看向另一方的妻子,他们就这样在座位上沉默着坐了三十多分钟。随后,丈夫不慌不忙转过头,朝妻子这边的行李架指了指,那双睁大了的眼睛里无不透露着威慑力,原本静止的空气开始涌动,连我也吃惊地看向他。妻子接收到丈夫目光的指示后,立马弹起身体,动作之敏捷让人瞠目结舌。

只见妻子用机器人般精准的动作取下行李,从里面拿出一本书——很可能是他们此次行程的旅行指南——递给丈夫,见他默默收下后,再次迅速地将行李放回原位。看起来相当重的行李箱,转眼间就被整理好了。

之后,丈夫一言不发地看他的旅行指南,妻子从LV手提包中摸出一盒柚子糖啪地往嘴里塞了一颗,继续蜡像般看向另一个方向。

到达成田下车时,丈夫也是两手空空一身轻。妻子从行李架上搬下行李后,一路拖着跟在丈夫后面大约两米远的地方。

这只是我这个外人的猜测,但我开始思考:接下来的海外旅行他们将如何度过呢?我知道是自己多事,但从他们身上散发出的气息来看,他们似乎并没有对此次海外旅行十分期待。

这个妻子是一个训练有素的被操控者,同时也是命令系统的忠实执行者。她在命令下达者——丈夫的身边,始终屏气凝神，小心翼翼，就是为了避免引起丈夫的不满。

像他们这样的富裕家庭，在经济如此不景气的日本，一年还能享受几次奢华的海外游，应该就是世人眼中的"幸福晚年"吧。人们只会羡慕，最不可能把他们与不幸联系到一块儿。

然而，在我眼前浮现的却是，在希腊爱琴海上的一艘邮轮上，蜡像般的妻子以惊人的速度提起包，跟在丈夫身后。

光会点头微笑的妻子

巡回演讲让我在全国各地飞来飞去的次数增多了，我偶尔也能在演讲之余与久违了的友人相聚叙旧。那是发生在九州的一件事。

我在酒店大堂遇到一位许久未见的老友，我们相约去楼下酒吧喝上一杯。不用说，他的白头发变多了，而我的下半身也发胖了。我们都不曾留意自己的变化，所以一见面光是指着对方笑说"你老了"，随后才看看自己。"忽略自己的外貌是衰老开始的表现哦。""没错没错。"瞬间，往日的亲切感仿佛穿越时空重新回来了。

老友说："今天我还有另外两位朋友，让他们一起来好吗？"

在到达预订座位前的短短两分钟，老友向我介绍了这对"夫妇"的情况：他朋友是某家大型医院的院长，一起来的女性并不是他的妻子，但事实上他们已经一起生活了十多年，周围的人也都称她院长夫人。

碰巧那天是医生朋友的生日，老友想替他庆祝，顺便介绍我们认识。听到这里，我大致可以想象哪些会是禁忌话题。

当我们到达时，席位上已经坐着一男一女。男性大概六十五岁，身旁的女性六十岁上下。

随后我们畅谈了将近两个小时，谈话以友人向我介绍他的医生朋友的形式进行。如果我加以附和，场面就会变成两名男性与我三人间的聊天。我个人对这种情况相当敏感，所以在想如果不设法让在场的另一名女性也加入话题，可能会引起她的不快。

于是我时不时向她抛出话题，征求意见。现在想想，当时的我真是煞费苦心。可让人诧异的是，这位女性始终一言不发。

虽然没有发表意见，但看起来也没有不高兴。要问她都在干什么，她就一个劲儿地点头、微笑。说到面部表情，除了微笑还是微笑。整张脸都写着"微笑"。

这位皮肤白皙、留着一头短发的女性，始终在旁边点头微笑，而我一个人从头到尾在和两名男性交谈。说话过程中我一直有个疑问——这位医生为什么对"妻子"的沉默无动于衷呢?

突然,医生仿佛看透了我的心思,说道:

"这家伙不会干别的,只会听我说话,一直这样。"

我对他使用"这家伙"这几个字感到吃惊,同时也对他说话时的傲慢神情感到诧异。然而,更让我惊讶的是,那个被称为"这家伙"的"妻子",一如既往地扮演聆听者的角色,像红牛玩偶一样点着头,始终保持人偶般的笑容。

"啊,真是位好太太,你羡慕吧?"我把矛头指向老友。"我算是看透你了,竟然和这种没心没肺的男人打交道。"话没说出口,但我试图用眼神告诉他。

然而——

"真是太羡慕了。只会多嘴多舌的女人已经够多了。"

从友人嘴里冒出的话实在令人难以置信。我不认为这是逢场作戏的社交辞令,他的眼睛里清楚地透露出发自内心的羡慕之情。

丈夫和妻子各自理解的"夫妻关系"

一边是只会下达指令,让妻子像宠物一样对自己唯命是从,生活在不同世界并对妻子的内心毫不关心的丈夫;另一边是只想让时间赶紧过去,凑合过日子的妻子。这不过是日本一部分家庭的日常而已。

但似乎只有少数人会像我这样觉得哪里不太对劲。

比如,如果采访几位丈夫,他们又会发表哪些言论呢?

"不会啊,我们家庭幸福,夫妻美满,连架也没吵过呢。"

"我很感谢我的妻子,一直以来她都默默陪伴。一把年纪说出来不怕笑话,现在终于知道她的好了。"

"这不是很好吗?家庭美满,还有什么比这更好的呢,对吧?"

"不是在替自己说话,我自认为是一个不错的丈夫。旅游也带她去了好几次,从来也不会抱怨她把钱都花在兴趣爱好上。更不要说报纸上经常提到的家暴之类的,我可是一次也没对她动过手啊。"诸如此类。

我们咨询中心也有针对夫妻的面谈。但有一个大前提——从一开始就不能夫妻同时在场。为什么呢?

比如,夫妻俩因为儿子拒绝上学、闭门不出或者有暴力等问题而深受困扰,来我们中心咨询。那种情况下,如果夫妻两人同时在场,就会发生一个奇妙的现象:从头到尾几乎都是丈夫一个人在说，一旁的妻子只是默默点头，时不时补充两句而已。也就是说，他们之间产生了明确的角色分工，妻子自动地把主导权让给了丈夫。

更令人咋舌的是，如果你在夫妻面谈后单独约见妻子，她们对丈夫的不满、愤怒会毫无例外地一股脑儿爆发出来，与丈夫坐在一起时的那种领养的猫咪般顺从、安静的形象荡然无存。

当然丈夫也会有很多话只在妻子不在的时候说，不过相比于妻子的骤变，要显得可爱些。

为了避免误会，这个话题还是先打住。我说这些并不是为了证明男性在酒席上经常拿来开玩笑的那句话——"所以说女人很可怕"。

我想强调的是，对于夫妻间的关系，也就是"我们是怎样一对夫妻"这个问题，丈夫和妻子的看法是截然不同的。

妻子对此早有认识。正如前面提到的那对夫妻，丈夫相信"能够和睦相处就是好的夫妻关系"，而妻子这边早就已经放弃。类似这样的情况十分常见。

有一位妻子，因为丈夫有外遇而饱受折磨，最后罹患癌症去世。在妻子的葬礼上，丈夫号啕大哭。在场的很多人不知道实情，听到他哭着喊"她可是一位好妻子啊"，也都留下感动的眼泪。妻子去世一周年之际,他还自掏腰包出版了一本带相片的文集——《亡妻恋记》。很多朋友称赞他为"爱妻公"。其中有朋友以"你一个人太寂寞了"为由,给他介绍了一位女性,没想到这位"好丈夫"转眼就同那位女性再婚了。

这个故事我是从他四十多岁的大女儿那里听来的。她母亲在世时,经常跟她抱怨自己的丈夫,最常说的一句话就是,"如果我有钱,就能想走就走了"。

只要不是极端到这种程度,想要美化夫妻关系,希望人生以完美大结局收场的基本是男性。对古往今来"白头偕老"的夫妻形象,我始终持保留意见。可不知为何,男性对家庭(以及婚姻)纽带的拥护声是如此之高。

换言之,"夫妻"这一概念,可能原本就是从男性立场出发,让男性受益且由男性来定义的。所谓定义,就是"家庭美满""妻子贤德"这些能让丈夫们引以为傲的形象。至于作为当事人的妻子到底付出了多少忍耐,忍受了多少背叛和言语霸凌,在这个定义面前根本无力抗衡。

面对无力感,妻子们做了转变,变成丈夫定义的积极实践者、理想夫妻形象的实践者。"丈夫的定义没错","我们夫妻感情很好","我们是令人羡慕的夫妻"。

这是对丈夫的服务，或许也可能是内心某处的暗自冷笑。

"因为我演了一出好戏，你才能赢得爱妻子的美名。"

在心理咨询的过程中，很多妻子会说"我们相处得挺好""他是个好丈夫"。但只要妻子说"他不是个坏人"，背后总透露着一个信息，即"丈夫是个坏人"。如果你仔细聆听，一定会发现妻子一方只有百般隐忍，小心翼翼地避免发生任何冲突，才能勉强维持岌岌可危的夫妻关系。

"我们家经常吵架"，能讲出这样的话是正常的。性别不同、出身背景不同的两个人，生活在一起不起摩擦是不可能的。

你相信一对老夫妻在夕阳下携手相伴的和谐景象吗？可在那之前，妻子要付出多少忍耐。丈夫可能也会说"我同样在忍耐"，但考虑到日本的制度和生活习惯，妻子的忍耐一定会比丈夫多好多倍。

对于婚姻，男女感受到的"温度差"会是多少？为了浪漫爱情愿意赌上自己一生幸福的女性，结局又会如何？关于这些问题，与其讲述片段式的故事情节，不如纵观一个女性从少女到步入中年这一整段历史，这样更为直观。

接下来，我要介绍的是 A 女士她那漫长的人生故事。

现代版"女人三界无家"

現代版「女三界に家なし」

关系冷漠的父母与拒绝上学的弟弟

正值樱花散落、玫瑰开始绽放之时，日本东北地区的这座小城镇，即将迎来一年中最美丽的季节。因为得到教授强力推荐，就读于一所专科学校的 A 女士一毕业就得到了一家分公司经理秘书的职位。这样的美差让周围的同学羡慕不已。

A 女士的父母都是高中教师，她看起来白白净净，还有些拘谨，内心却很要强，学习和运动无一不拼尽全力。这是因为她有一个专制的父亲。父亲只要一回到家，就会做出外人无法想象的行为——与他在外界受到的评价迥然不同。细细想来，或许是父亲将家庭与学校同等看待了，他强制每个家庭成员都必须遵从他所制定的规则生活。

家里的洗澡时间固定在晚上八点至十一点，雷打不动。A女士念高中时，有一次参加县里运动会，返程的公交车晚点，十一点十五分到家时，洗澡水已经放干。还有一次，比自己小三岁的弟弟在深夜十二点洗澡，父亲一怒之下关掉了浴室的煤气总开关。当时正值隆冬，弟弟因此得了一场重感冒。

只要过了门禁时间，家里所有的门、窗都会锁上，除了一扇没装锁的厕所窗户，好几次A女士都是从那里爬进家的。

父亲规定在家里吃饭时禁止说话，理由是边吃边说，唾沫会到处乱飞，很不卫生。

因此，A女士一直以为所有家庭吃饭时都不能说话。直到小学五年级的某一天，她被邀请到一个朋友家吃晚餐，才惊讶地发现他们全家人（特别是朋友的父亲）吃饭时聊天，有时还放声大笑。

一旦违反了家里的规定，A女士的父亲就会勃然大怒地说："你们是在践踏我的一片苦心，我都是为你们好。"他还会用拳头揍孩子们的脑袋，或者往孩子们的房间里泼水。做完这一系列行为之后，父亲必定会笑着解释道：

"打小孩只能用拳头，因为一巴掌下去会把耳膜打破……

"泼水嘛，过一会儿它自己就干了，不会留下什么证据……"

面对这样的父亲，母亲一直采取默默反抗的态度，以工作为由，每晚十点过后才会回家。因此，从小学高年级开始，A女士便承担了家里大部分的家务。自她懂事以来，父母间的对话就只有"哦""好"这些出现在饭桌上还算正常的话。

弟弟的成绩比姐姐的差多了，父亲总是斥责他说："你要是个女孩，我还能原谅你。"初中二年级时，弟弟突然就不去上学了。当时，不只是父亲，连始终面无表情、说话平淡如水的母亲也慌了。两人彻夜劝说弟弟，还轮流请假带他去精神病院。A女士对当时的情形记忆模糊，不过为了避免卷入类似的事情，此后，她对学习以及篮球部的活动更热衷了。

三个月过后，母亲似乎是放弃了，重新回到以前的生活状态。父亲则放话说："不许再随便出门了，你是一个被社会淘汰的人，就让我养你吧，除非我死掉。"弟弟的生活规则就这样被改变了，父亲不再与他说话，甚至连面也不见了。

A女士原本只是代替母亲承担大部分家务活儿，现在还要给家里蹲的弟弟洗衣服、购买生活用品。即便如此，A女士也没有放松备考，最终考上了一所偏差值[1]最高的县立高中。然而，父

---

1. 偏差值：相对平均值的偏差数值，是日本人对于学生智能、学力的一项计算公式值。在日本，偏差值是评价学生学习能力的重要标准。

亲对此连一句表扬的话也没有，反而到处跟人鼓吹是自己的教育方法奏效了。他还认为，同样的教育方法，弟弟却拒绝上学，一定是他的脑袋有某种器质性障碍。

当时，A女士当然也考虑过念大学，可父亲常说："女人要那么高学历干吗？大专就够了。我教的女学生里也有念四年本科的，也没见谁特别有出息。看看你妈，别变成她那样就好了。"A女士曾经也很怀疑，父亲是否会在自己担任校长的高中发表这种言论，只不过当时的她无法想象忤逆父亲的人生会是怎样的。

她就这么进入了当地的一所大专。当时的班主任非常惋惜地说："你明明有考上东京一流大学的实力。"她只能回答道："这是我自己的决定。"

与此同时，弟弟自愿住进某个宗教团体的集体宿舍，几乎算是离家出走了。父母看到他留下的信件时，貌似吃惊，但似乎又流露出某种程度的欣慰。"难道你们是要抛弃自己的儿子吗？"当A女士哭着对父母表示抗议时，父亲在他惯有的狂怒之后，赏了女儿一巴掌。她有生以来第一次不是被拳头揍，幸好耳膜没破。事后A女士才知道，关于弟弟的离家出走，父亲对亲戚和同事们都谎称是出国留学。

关于A女士的工作，父亲总算露出了罕见的笑脸，反复强调:"进了这家公司,往后就高枕无忧了,日本人有谁不知道这家公司啊,再说了,股价也一直在涨。"当时的父亲,还有A女士自己,甚至所有日本人,恐怕都没有想到经济泡沫会破裂,经济会停止增长。

然而后来,A女士所在的公司被其他企业兼并,连公司名都没留下。这件事当然会对A女士日后与丈夫的关系造成严重影响。

幸福的新婚生活

A女士在那家公司认识了比她大八岁的丈夫。他每次来经理办公室,没事就会同担任秘书的A女士搭话,这件事不知不觉在公司里传开了。分公司经理是单身赴任,A女士的丈夫也是从东京总公司调来的。他这样的行为没有影响自己的风评,主要还是因为他的工作态度。总之,A女士的丈夫工作能力很强。他不仅上班专注于工作,到了晚上也会彻夜招待当地相关公司的人,豪迈的喝酒方式为他赢得了大家的好评。在那个经常下雪的小县城里,不会喝酒的男人会遭人鄙视。而A女士的父亲就是个滴酒不沾的人，从不喝酒应酬；甚至有传言说，这影响了他退休后的待遇。

A女士第一次被丈夫邀请去吃饭时，不知怎么的就被眼前这位津津有味喝下所有酒精饮料的男子吸引了。这比同父亲一块儿吃饭有趣多了。为什么眼前的这个人吃饭时会有那么多话要讲呢？A女士就像遇到外国人一样充满了好奇心，不知不觉便答应与他交往了。

之后不久两人便闪婚了。丈夫想要马上结婚的态度十分坚决，A女士的父母得知他在公司的口碑后也无任何反对。丈夫能把自己从父母身边带走，再没有比这更让A女士高兴的事了。并且，她在心底发誓，一定要好好爱护照顾这个喜欢喝酒、每天不醉不归的男人。

婚礼选在玫瑰盛开的季节。看到仿佛是从积雪底下冒出来的各色花朵，A女士暗暗想到，自己的人生绝不会重蹈母亲的覆辙。"等有了孩子就把工作辞了，嫁鸡随鸡。即便是沙漠，也能开出美丽的花朵，我一定会幸福。"看着镜子里自己身穿婚纱的样子，A女士自言自语道。

结婚头三个月如梦幻般度过。丈夫一如既往地努力工作，经理对他也是照顾有加。他是同事眼中的精英骨干，众人羡慕的对象。然而，不久丈夫突然接到调任去东京的通知。尽管是荣升高职，但对 A 女士而言，走出她出生以来从未离开过的小城镇，让她产生了焦虑。

辞去工作，与夫家同住

A 女士辞去工作，与丈夫一同搬到东京。他们在公公留下的土地上盖房居住，同住的还有婆婆与丈夫的兄嫂，可以说她是在丈夫一家人的眼皮底下过日子。

她的性格原本就不强势，而且从小学起就开始做家务，手脚麻利，因此深得婆婆和嫂嫂的喜欢。嫂嫂一开始对这个从东北小县城嫁过来的弟妹也算细心关照，可能是她想拉拢这个大专毕业、一口方言的弟妹，在家里也好有个人差使。偶然的机会，A 女士从嫂嫂那里听到丈夫从未提及过的家族史。

公公白手起家，创办了一家经营电器零部件的公司，从东京近郊到关东地区的附近县市，一共拥有三家制造工厂，是一个典型的中小企业家，并且以嗜酒闻名业内。在工作上，公公从不对员工手下留情。员工一旦工作有失误，必然会受到严厉斥责。

听嫂嫂说,至少有三名员工因为忍受不了而上吊自杀了。

公公的毫不留情同样用在家人身上,婆婆经常受到他的怒骂,有时甚至还会挨揍。他对两个儿子也使用暴力,尤其是长子,被打的次数更多,就因为他在学校的成绩远不如弟弟。"我初中毕业爬到现在这个位置,一路过来被多少人瞧不起,就因为没有学历。"每回喝醉酒,公公都会反复同儿子们说这些。总之,他对兄弟两人下达了最高指令,一定要考入一所能让大家仰视的大学。

丈夫没有让他父亲失望,稳步走在一条精英大道上。他就职于父亲公司的控股公司,论职位还在父亲之上,在职场顺风顺水,也算是出人头地。而大哥的成绩完全不及弟弟,一直被父母毫不掩饰地嫌弃:"如果你不是长子就好了。"

婆婆偏爱身为次子的丈夫,每当无法忍受公公的拳打脚踢时,就会说出最后的威胁:"我带着这孩子一起死给你看。"只要听到这句话,不管喝得多醉,多么失去理智地使用暴力,公公都会暂且停下手来。婆婆拿他引以为傲的儿子做人质,来充当抵挡丈夫暴力的挡箭牌。总之,婆婆是个刚烈的女子。她知道,即使再溺爱次子,忽视长子也总会招来世俗非议。丈夫的大哥经过两次高考,终于进入一所二本大学。自出生起,大哥的人生就已经被决定，他被视为父亲公司的接班人。公婆迟早也要由大哥来照顾，大家对此都心知肚明。

可就在次子，也就是A女士的丈夫决定就业方向的那年冬天，某天清晨，公公突然大吐血，晕倒在厕所。那场面似乎很惨，鲜血直喷到天花板。嫂嫂动用她丰富的肢体语言说："厕所里的血腥味好像很久都没散掉。"说完还皱着眉闭上眼睛。最终，公公在被救护车送到医院后去世。

"不过他走得很安详，看到引以为傲的儿子前途无量他就放心了。"婆婆这样对亲戚们说。至于原因，毫无疑问是酒精。体检时医生曾多次劝他少喝酒，他全当耳边风，照样三百六十五天全年无休地喝酒，甚至还说："我的肝脏可是铁打的。"

很快，A女士丈夫的大哥就接任了公司老总的位置，两年后同嫂嫂结婚。嫂嫂说："我老公生来就是穷人命，还不断被拿来同弟弟比较，一直被家里人看不起。"嫂嫂之所以这么说，是因为他们刚结婚时，她老公就跟她讲："我妈不相信我的经营能力。"家里的经济大权至今仍掌握在婆婆手里，这太奇怪了。更不可思议的是，婆婆竟当着大儿子夫妻俩的面说这话。

"我老公可恨他妈了。"

嫂嫂直愣愣地看着A女士，喃喃自语。听到这儿，A女士不禁想到，大哥是否也一直憎恨自己的弟弟呢。听了嫂嫂的话之后，A女士似乎才明白为什么自己的丈夫那么厌恶与兄嫂一家同住。她觉得自己和弟弟的关系与此有些相似。也许正因为同病相怜，她才会被丈夫吸引。

相互憎恨的一家人同住在一个屋檐下，只要一想到自己以后的人生还得与他们纠缠在一起，A女士的心情就跌到了谷底。

丈夫的变化

大儿子出生后，A女士开始对丈夫的喝酒方式产生怀疑。自从知道公公的死因后，她便开始担心丈夫豪饮的方式。可是自己的父亲本身不喝酒，她对酒要怎么喝也全无概念。她一直认为男人每天晚回家是正常的事，是工作能力强的表现。她受够了父亲那种被规则所束缚的、循规蹈矩的生活，所以对丈夫只有周末在家，有时打打高尔夫，或者一边在电视上看赛马比赛一边喝啤酒等行为也从未感到不满。

然而大儿子出生后，原本的生活似乎哪里开始不对了。丈夫对于她把关心都转到儿子身上十分反感。特别极端的例子是，他讨厌妻子给儿子洗澡。"一直这样惯着他，他长大后会有什么出息？"他有时还会对儿子说："你有时间黏着你妈，还不如去找小朋友玩。"

大儿子四岁时，A女士第一次用激烈的言语对丈夫表示抗议："你不要老拿自己和儿子比。"那次是丈夫第一次对她动手。

"神气什么啊？得意忘形了你！"

也许是因为喝醉了，丈夫讲出的话令人难以置信。A女士从他迷离的眼神中看出他已经失去理智。

她左脸被打得疼痛，还不停遭到辱骂，心灵上遭受了巨大打击。可是与这些比起来，更让A女士感到恐惧的是，丈夫以后会不会因为醉酒而再次失控。

之所以会有这样的预感，可能是因为刚来东京时，老听嫂嫂讲公公晚年醉酒失态的事，留下了心理阴影。不过，婆婆反复跟嫂嫂抱怨的那段回忆，也许只是嫂嫂截取的一段内容，或许被过度放大了。

可能因为担心父亲酗酒的基因会遗传给自己，大哥滴酒不沾。他在母亲面前抬不起头，在自己家里又是老婆说了算。不过，在A女士看来，大哥是如何消除对弟弟以及自己妻子由来已久的怨恨的，倒是一个谜。

过了一段时间，谜底很容易就解开了。原来大哥有好几个情人，而且都是与自己女儿年龄相仿的外国女人。嫂嫂似乎以"他这是病"为由，睁一只眼，闭一只眼。不过，其中也许有很多不为人知的缘由。

最初的酗酒与暴力

老二出生了，比老大小四岁。而丈夫喝酒的方式越来越夸张，这可能与公司业绩骤然下滑有关系。另外，在他调去当人事负责人时，有下属自杀或许也是推波助澜的原因之一。

丈夫还曾因为醉酒从车站月台上跌落下去，差点被车碾死。他下班后和同事一起去喝酒，打车回来的次数日渐增多。遇到他一个人无法回家时，同事们就轮流陪他回来。威士忌三天就喝空一瓶。到了周末他几乎一整天都在喝酒。如果A女士抱怨他几句，就会被揍，这样的情况反复发生。她总是咬紧牙关，百般隐忍，怕声音太大会被隔壁的兄嫂听见，更别说去跟远在他乡的娘家人抱怨了。

一个星期天，A女士碰巧在院子里遇到大哥。当时，她脸上有瘀青，是前天晚上被丈夫打的。也许是大哥一直目睹母亲被家暴的原因，他似乎察觉到自己弟弟的暴力行为。那天晚上，自弟弟结婚以来，大哥第一次来到他们家。他看到的是仰头豪饮威士忌，喝到酩酊大醉的弟弟。

"瞧你这家伙。"大哥厌恶地说道。可能是自己看错了，A女士似乎从大哥的脸上看到了鄙视的笑容。

丈夫站起来想去揍他。A女士急忙把两个儿子赶去其他屋子，大叫"住手"。然而，喝醉酒的人怎么可能打得过清醒的人？大哥轻而易举地就将丈夫按倒在地。

"你和老爸有什么两样？"

大哥得意地丢下这句话便回去了。

丈夫在厨房洗碗池前号啕大哭。这是A女士唯一一次见到丈夫大哭。

自那天以后，丈夫不再对A女士大打出手，与他大哥也再无交流。

三年后，大哥突然死亡。虽然被告知是心力衰竭，但A女士猜想他是自杀。对此嫂嫂与婆婆都不置可否。直到大哥死后一个月，才发现他经常去的精神科门诊开给他的处方药堆积如山，并且在死前一天，他吞服了大量的安眠药。

从公司提早下班赶来的丈夫,自那天晚上以来第一次见到大哥。丈夫站在慌乱的婆婆身边,表情依然平静。葬礼那天,丈夫身上略有酒味。不过在火葬场见大哥最后一面时,他极其冷静,没流一滴眼泪。A女士总觉得这样的丈夫有点可怕。

完全不同的生活

大哥去世半年后,受到泡沫经济破灭的影响,丈夫的公司被旧财团系的其他公司合并吸收。对于作为妻子的A来说,这当然是件大事,但她最担心的还是丈夫对待生活的态度——越来越自暴自弃。A女士不知道,丈夫是因为在公司的人事安排上被明显排除在晋升通道之外而越发酗酒,还是因为酗酒而被降职。

不知是否因为婆婆对丈夫的状态有所察觉,她决定让丈夫接管大哥的公司。丈夫没有拒绝,A女士也认为这事自己不该插嘴。

总觉得自己的人生一直由别人主宰。既然已经被逼到绝境,就只能走下去,A女士始终这样告诉自己。

大哥过世四十九天，嫂嫂的状态似乎一天好过一天。虽然带着两个孩子，但作为公司董事，她有足够的收入作为生活保障。更重要的是婆婆现在归小儿子夫妇照料，这让嫂嫂感到整个人都解放了，所以妆化得仔细了，衣服也穿得时髦了，谁见了都说她年轻了好几岁。婆婆总算心满意足地盼到小儿子重回自己身边，人比以往精神多了。

而A女士和丈夫的生活发生了翻天覆地的变化。首先是丈夫的工作与家庭变得密不可分，她完全没有了上班族妻子的轻松。与此同时，夫妻间的矛盾也越发激烈。

A女士企图以对员工负责的方式来辅助丈夫。身为一家中小企业的老板夫人，她认为理应如此。

丈夫喝酒喝得越来越凶。他几乎没有不喝的时候，上班满身酒气已是家常便饭，有时甚至会因为宿醉缺勤半日。每次都是以妻子的指责与丈夫的谩骂作为收场。

十年后，婆婆在感冒卧床后的第三天去世了。这是谁也没有预料到的。作为公司创始人的妻子，婆婆一直很健康，看起来要比实际年龄年轻十岁，她的突然离世意味着公司的所有实权都将移交给A女士的丈夫，而实际掌权的是A女士。

两个儿子正值青春期，为了不让夫妻关系影响到孩子，A女士万般小心。这是她自己的经验（恐怕也是她丈夫的经验），她认为这是为人父母的责任。可令人费解的是，A女士竟然从未想过要和丈夫离婚。公司，失去父亲的侄子和侄女，还有嫂嫂的生活，所有这一切都由她一肩扛起。

嫉妒妻子努力工作的丈夫

A女士的丈夫已经变成一个中年男人，头发稀疏，大腹便便，面色暗黄——一看就是肝功能下降。但他依然酗酒，上班时间也不固定，最终监督公司财政的责任全部落到妻子身上。

妻子的这种变化对丈夫而言并非好事。她与税务师商谈工作到深夜，丈夫便要责骂："一定是在搞外遇。"如果妻子否认，他就会大喊大叫："拿出证据给我看看。"如果听到妻子说，"拜托小声点，别让孩子们听到，他们现在这个年龄段很敏感"，丈夫虽然不至于打她，但会讽刺说："明明就没什么学历，还装什么教育家。"不仅如此，他还会让A女士跪坐一个小时，听他抱怨自己的人生。

考虑到如果不听他的话就会给儿子们带来麻烦，A女士只能硬着头皮照办。可是让人忍无可忍的事情一年多过一年。

比如,他会大半夜打电话到A女士的娘家或亲戚家。如果她言听计从,他又会当着妻子的面说,"你们怎么就培养出这么一个没用的女人","你表妹真是不可救药了"。虽然A女士原本同娘家疏远,但这么一来连父亲都觉得奇怪了,甚至还偷偷打电话给她说:"我不会坑你,不然就跟他离了吧?"

此外,每次丈夫喝得烂醉时必然会尿失禁。不光被子,厨房、客厅的地毯上也都是丈夫的尿臊味,用香水也除不了味。就连A女士自己也开始怀疑忍耐是否到了极限。

不知为何,每次只要一想到无法再忍下去,A女士就会莫名产生动力。而丈夫则嫉妒起妻子的工作状态。丈夫越是贬低她,耍酒疯,恶语相向,她的工作越是风生水起,甚至开始参与银行与客户的交涉,谁都看得出公司的经营实权已经掌握在A女士手上。不仅如此,她还颇具前瞻性,提出对未来新事业的想法,并成功取代了原来的业务。

如此一来,丈夫成了挂名老板。他开始公然饮酒,然后直接睡在经理办公室;与客户应酬时也是烂醉如泥,一再失去信用。一直以来,A女士都把自己与丈夫的问题归为家庭内部矛盾,但现在矛盾已经扩散到亲戚身上,甚至影响到了公司未来业务的发展。

从那时起,她开始暗自怀疑丈夫这样喝酒是不是患有酒精依赖症,还买了几本书来看,越看越确信无疑。

可这事如果挑明了讲,丈夫肯定会勃然大怒。为了寻求解决方法,A女士曾经通过查找电话簿给公共机构打电话咨询。但一来碍于公司颜面,二来也担心是不是自己想多了,所以她始终没有下定决心当面接受心理咨询。

想要逃离家庭的孩子们

仿佛是为了逃离父母无休止的战争,大儿子自己提出想去美国念大学,小儿子也考入了寄宿制高中。A女士嘴上表示赞成,但内心对于家里只剩下丈夫和她两个人存有恐惧。尽管如此,她还是告诉自己为了不让孩子们受父母关系的影响,让他们离开这个家是好事。于是她目送着大儿子从成田起飞。

不久,丈夫身上又出现了一些离奇的行为,他开始收集刀具和气枪。每天晚上总会在下班回家的妻子面前一边喝威士忌,一边磨刀,或者不停地转动匕首。每当A女士恳求他"别这样",

丈夫总是笑着说："别害怕，我又不会伤害你。"

确实从大哥来家里那次之后，丈夫再没有动用过暴力。但只要想起那天的情形，他就会懊恼到双手发抖，谩骂个不停。而且性暴力的行为时有发生，醉酒后乱打电话的情况也从未改变。

一天夜里，A女士看见丈夫手里拿着一把明晃晃的刀，心里非常害怕，想他是不是灵魂出窍，已经不再是自己以前认识的那个人了。

还有一次，因为太过恐惧，A女士甚至打了110报警。

听到妻子对着电话说"我丈夫把刀拿出来了"，他不但没有发怒，反而急忙去穿衣服。等警察开车赶来时，丈夫面带微笑地说："我把刀拿出来，是因为我收藏刀具。"警察闻言笑着附和道："太太，您可别妨碍您先生的兴趣爱好呀。"结果，反而是A女士接受了一番教育。从那以后，她再也不相信警察了。

一天夜里，A女士回到家，一进客厅就惊呆了。

两把匕首插在用她的衣服卷成的人偶上，其中一把正好刺在心脏位置，就像是被插了针的诅咒娃娃。

她当下就下定决心——让他去治疗酒精依赖症。如果把酒戒了，丈夫就能康复，或许一切都会改变。可是如果丈夫拒绝，她就离家出走。

A女士把一身酒味、正在卧室大睡的丈夫叫醒。他睡眼惺忪地来到客厅，似乎感受到了妻子身上的气势，见她一言不发地指着插在衣服上的匕首，便说："怎么样，够锋利吧？"然后将匕首拔下，露出得意的笑容。刀刃在灯光的折射下发出刺眼的光亮。

"和我一起去医院吧，你这样喝酒是一种病。"丈夫一下子被脸色苍白的妻子这一连串的话吓到。但随后，他拿起其中一把匕首指向A女士，慢慢把她逼到墙角。

"你想干什么？"

"我不是说过，从没想过要伤害你。"

"那就把匕首收起来。"

"什么？你刚才说啥？说我酒精中毒？"

"无论怎样，先去医院吧。"

"是谁有病？嗯？是我还是你？你总觉得自己是对的，是吧？可怕的女人，我饶不了你。发疯的是你吧？留着你还不知足吗？"

边说边用两把匕首朝着妻子的脚下一路刺过去。客厅的地毯上留下一连串匕首的戳痕。A女士赤脚逃出院子，抱着包直接跳上一辆出租车，一路逃到小姨家——三十分钟车程的地方。小姨经常接到A女士丈夫酒后打来的骚扰电话，早就对她说：

"你不赶快逃走的话,真不知道那个人会做出什么事来。"

第二天,A女士直接从小姨家去的公司,看到丈夫似乎不在,她顿时松了一口气,但转眼又担心,想着是否该回家看看。她突然想到,还是应该先去跟之前打过电话的公共机构咨询一下。

丈夫的死

就这样,A女士通过公共机构的介绍来到我们咨询中心。

白皙的皮肤,大大的眼睛,一看就知道她是在日本东北的雪国长大的,很难想象她正在遭受夫妻关系的折磨。

她毅然接受了我给出的建议——先别回家,继续留在小姨那儿,更不要因为担心丈夫而偷偷回去打探。我看得出,她走到这一步是经过了深思熟虑,浑身上下没有一丝犹豫。

然而,即便是这样决绝的女性,倘若丈夫哀求她们回去,或者打电话说自己活不下去了,还是有很多会以"我很担心他"这样的理由重回丈夫身边。所以我觉得在她身上可能会出现类似的情况。

可是当她听到"共同依赖"这几个字时,激动地说:"这不就是我吗?真让人茅塞顿开。"

在小姨家住了一周后,她说:"来东京以后,第一次感到终于能睡个安稳觉了。以前每到晚上,我总会害怕丈夫。"既然已经能有这样的安全感,我断定她不会再回到丈夫身边。

他们分居后,丈夫再没有在公司出现过,他似乎也能感受到妻子想要离婚的决心。突然有一天,丈夫给小姨家打电话说:"我打算去M医院接受治疗。"

这该如何是好?丈夫去医院治疗,如果把酒戒了,就会变回以前那个温柔的丈夫吗?那是不是应该回到他身边帮他一把呢?A女士不知所措,越来越迷惘。后来她回忆说,那是最痛苦的时刻。

在我的建议下,A女士作为患者家属也去了M医院酒精依赖症专科门诊接受问诊。在那里,A女士得知她丈夫只接受过一次治疗,此后便再也没有去过。

了解清楚情况后,A女士不再迷茫,她第一次向公司请了一个星期的假,决定去温泉旅行。回想起来,那好像是结婚后头一次比较像样的旅行。她打算享受一下温泉,并好好考虑自己的未来。

住在酒店的第二晚,她突然接到从东京打来的电话,是丈夫的死亡通知。A女士急忙赶回家,看到丈夫浑身是血地躺在被窝里,已经断了气。

警方以离奇死亡为由对A女士进行了调查,但调查结果显示丈夫的死因和公公当时完全一样,都是食道静脉瘤破裂,导致大量吐血。丈夫枕头边上还躺着好几个空的威士忌酒瓶。

丈夫的亲属都将矛头指向A女士,说如果她当时能留在丈夫身边,事情也不至于会变成那样。A女士认为那些人的指责是正常的,她自己也并不在乎。她唯一担心的是从美国赶回来的大儿子和一直住校的小儿子,不知道他们会如何看待自己。孩子是父母不和睦的最直接目睹者,对于母亲离家后父亲过世这件事,他们会怎么想呢?

她心中期待着儿子们会体谅自己一路走来的艰辛,甚至还抱有一丝甜蜜的侥幸,也许之后的人生从此又有了依靠,毕竟是自己始终忍耐,苦苦维系着这个家。在火葬场,A女士禁不住放声哭泣。大儿子用他温暖的手搀扶着母亲,那一刻,她甚至有了想将自己托付给儿子的冲动。

然而,在料理后事时,大儿子的话让母亲为之震惊。

"父亲是个可怜的人。

"我觉得是母亲把父亲逼上了绝路。

"我可能没办法原谅您。"

大儿子留下这几句话后便匆忙赶回美国。小儿子自始至终不发一言,回了宿舍。

儿子的判决

A女士再次回到丈夫去世的那个家。还没办理离婚手续丈夫就死了,在法律上,这对妻子继承财产很有利。

大儿子那番话深深刺痛了A女士。原来那孩子不会原谅我,想到这儿,她心里竟产生了感激之情。如果那孩子说出"以后我会一直保护您"这样温柔的话,我要怎么办?一定是忍受一切苦难去支持他的人生,以此作为自己后半生唯一的使命。这不是在重走婆婆和嫂嫂的老路吗?

她意识到,正因为儿子给自己定了罪,才解除了她和儿子共同依赖的关系。

A女士在丈夫的葬礼上流下了很多眼泪。参加葬礼的人一定觉得尽管妻子受了不少苦,但他们夫妇的感情应该还是很深厚的，于是也陪着流下了难过的泪水。其实后来回想起来，那是悔恨的泪水。

她不知道挨了多少打，也无法原谅那些恶言恶语，还有那闪着光的刀刃。一想到自己曾无数次受到丈夫的虐待，她就懊悔不已，气得浑身颤抖，泪如雨下。

"死亡会美化所有的回忆。"这句常出现在小说中的话 A 女士无法认同。

"丈夫死了，我居然还很高兴，自己都觉得自己很可怕。这有悖常理，但没关系。现在也是如此，每当想到以往的种种，对丈夫的恨意就会涌上心头。

"这话只在这里说。没人的时候，我会对着佛龛大叫'你竟敢那样对我'。亲戚们不知道我会这样，还一直夸我坚强。

"但只要想到不会再挨打……

"我一直担忧书里写的那种家暴后遗症会在什么时候出现，可是完全没有。失眠、恐怖记忆重现这些也完全没有。与以往不同的是，睡眠质量提高了，食欲大增，精神饱满。

"只不过，每隔一段时间就会想起以前种种懊悔的事，苦于没有地方倾诉才想让大家听听。"

以上就是根据 A 女士的口述写成的故事。

婚礼当天手捧花亮丽的玫瑰色以及散发出的沁人心脾的气味，一切仿佛昨日。这是她二十多年来第一次回想起鲜花的颜色和气味。

眼前整排的樱花才刚过花期。明明一到春天樱花就会盛开，可为什么结婚以来我就从未感受过它的美呢？A 女士如是问自己。

和丈夫一起生活过的那个院子，也种着美丽的垂枝樱。樱花盛开时，每一个从树下经过的人一定会发出赞叹。可是自己到底看到了什么？

丈夫离世后的第一个春天到了。A 女士曾经对着东北老家的樱花告诉自己一定要幸福，而眼前的樱花与那时的一样美丽。

读到这里，大家能从 A 女士的长篇故事里学到什么呢？这里出现了几种夫妻关系。在这些关系中，A 女士注意到了什么？可以用"共同依赖"和"家暴"来概括。这两点会在本书中继续发挥重要作用。读到后面，大家会更清楚为什么它们会引起 A 女士的注意。

第一章 『浪漫爱情』的幻想

女性通过婚姻能得到的东西
女が結婚で手に入れるもの

"婚姻"是跨越世代的连锁反应

女性通过婚姻能得到什么？与所爱的男人共同度过的时光，两个人的爱巢……不过，这些已经被女性杂志写烂了，这里就不再赘言。让我们从更冷静、更透彻的视角来看一看婚姻吧。

第一件能得到的东西是一本"护照"。

如今在日本，护照是必不可少的。每次出国，在机场离境时，都需要出示带有日本国标志的红色小本本，然后在飞机上填写入境卡。我们只有在乘坐国际航班时，才会意识到自己的国籍，意识到自己是日本人。这与婚姻有着某种程度上的相似之处。

年过二十的女性，最重要的"护照"是什么？如果是男性，

"护照"应该是就职公司的名称。女性也可以用公司名,但光这样是不够的。在各种场合,比如在银行柜台或者去房屋中介找房子等,都需要核查婚姻状况。已婚者很容易就会通过审核。于是,婚姻这本"护照"就成为在日本生活的通行证。

为什么婚姻会成为通关"护照"呢?尽管有越来越多的女性开始步入职场,年轻男性的态度也变得温和,市场上到处都是针对女性消费者的商品,但有一种传统观念依旧根深蒂固,即"不结婚就是半吊子"。

有一位中年女性说:"最近我睡不着觉,跟丈夫也说了,可他'嗯嗯'应付两句,一分钟后就开始打鼾了。"

事实上,那位女性烦恼的是她那两个还没结婚的孩子:一个是三十八岁的儿子,另一个是三十六岁的女儿。当然,兄妹俩现在还与父母同住,每天都在工作。特别是女儿,听说天天忙到深更半夜,凌晨才回家。所以那位女性每天晚上都不睡觉(即使醒着,也得装睡),等着女儿回来。

"为什么那么担心他们不结婚呢?"

"因为他们一定活得比我久,也会比我老公久。我们离开后,他们要自己度过孤寂的晚年,太可怜了……只要想到那样的光景,我的心就碎了。"那位女性这么回答,然后又像诘问我似的继续说道:"是人总要结婚的吧?我觉得婚姻才是幸福的保证。"

"那您的婚姻一定非常幸福吧。"

"嗯,是的。我丈夫人真的很好,我也没什么不满足的地方,我们相处得很融洽。"

对于她本人的婚姻我也没什么好说的。这里想讨论的是,母亲在面对"不结婚的儿女"时那种被逼到绝境的感受。只有结婚才能幸福这种传统观念深深地束缚着我们。

我们通常认为,去婚姻介绍所咨询的都是想要寻求另一半的男女。然而,现实似乎并非如此。父母才是去咨询的大多数,就像上面那位中年女性一样。"我儿子/女儿还没结婚,有什么合适的对象可以介绍吗?"父母(大部分是母亲)会提出一些条件,然后迫切地想为自己的儿女找寻结婚对象。

女儿患有进食障碍(厌食症或贪食症)的母亲们,无一例外地担心自己的女儿结不了婚。如果体重不断减轻,越来越消瘦,生理期就会停止。这么一来,母亲们更是心急如焚,想着法子让她们增肥。这些母亲会暗中观察女儿的生理用品,并且在日历上用○/×符号记录女儿有没有来例假。

每次听到这些,我的脑海里会立刻浮现"二战"时期的宣传口号("生吧,繁殖吧"),还有鸡舍里一起啄食饲料的肥鸡。

"难道你们的女儿是肥鸡吗?"反正我已经习惯话到嘴边再咽回去。

我经常从母亲们的嘴里听到"女人不就是要结婚生孩子的吗"这样的话。每当这时,我会不由自主地想要反问:"你结婚了,那现在过得好吗?你生孩子了,那现在幸福吗?"大多数人的答案含糊其词,说出"嗯,要这么说的话……"之后,几乎所有人都会沉默。

可能是我比较腹黑[1]。我知道她们脑子里在想什么。她们一定不认为自己是幸福的,如果可以重启人生,她们会想重来一次;如果可以和丈夫离婚,她们也会这么做。但即便如此,她们还是想要自己的孩子结婚,想让她体会做女人的幸福。因为,这就是正常的生活方式。于是,"婚姻"在一股由父母的怨念或者说执念凝聚而成的集体力量的支撑下,成了跨越世代的连锁反应。

女性对女性的歧视何时停止

在这里我们先回想一下护照。出国旅行需要护照,因为它可以证明我们属于日本这个国家。所谓国籍,就是一个人属于某

---

1. 腹黑:形容人表面和善,内心却十分黑暗邪恶。

个国家。

那婚姻是什么？为什么婚姻会是女性的"护照"？当听到你已婚、有丈夫，对方会立刻露出如释重负的表情。那一瞬间，连自己仿佛也因为被认证为"正常人"而涌现出一种难以言表的轻松感。这又是为什么？

再加上生育问题。结婚三年就会被问"有孩子了吗"。不过近年来，结婚年龄、生育年龄一再推迟，三十岁左右的女性应该还不会被问到这个问题。可是，到了三十五六岁的年纪就比较麻烦了。就算是本人，想要孩子却一直没能怀孕的话，也会去接受"不孕治疗"。很多接受"不孕治疗"的女性会说："一个没有生过孩子的女人，她的人生是失败的。"

这对我们的心理咨询工作也会产生微妙的影响。我们咨询中心清一色是女性员工。前来咨询的来访者会问："你结婚了吗？"而且对方一定是已婚女性。如果听到的回答是"没有"，就麻烦了。她们会说"婚都没有结，怎么可能会理解我的烦恼"，并且会要求更换咨询顾问，"我要换一个结了婚的人来听我说"。

生孩子的问题也一样。我也曾多次被问："不好意思，请问你有小孩吗？"当时的我心里暗暗庆幸"还好生过小孩"，而且男孩女孩都生过，甚至在想，我什么都不怕，你放马过来吧！不然他们可能又会说："生儿生女不一样，没生过儿子的人是不会了解有儿子的母亲是怎样一种感受的。"

真不敢想象如果我单身又没孩子,作为一个心理咨询师要如何生存。可能会遭到一部分女性的抨击。不过从另一方面说,越是另类,魅力指数也就越高。所以我也曾想,如果是那样,没准我还能成为小领袖。

就像这样,她们把未婚视为最大的障碍,之后是无休止的"窝里斗"(女性间的歧视),一想到这些就让人沮丧。那么,她们会对男性妇产科医生说"你没生过孩子,怎么能给我看病",或者对男性儿科医生说"你没养育过小孩,怎么可能理解为人父母的心"吗?

这些女性来访者进行这样的划分,部分是因为我们不像医生那么权威,更多是因为我们同为女性。正因为都是女性,才要以经验的差异来区分,并将自己与世界区别看待。这不叫"歧视"叫什么?

结了婚就是"不幸者同盟"的一员

"她是能够感同身受的人。""她没有经验,所以无法理解。"

我发现，追溯这些只会发生在女性内部的细微划分和区别对待的源头，似乎都与"不幸者同盟"有关。

女人结婚以后，会逐渐失去青春、自由和经济能力。生完小孩之后，她们的工作能力、经济能力，甚至连上厕所的时间都将被夺走。依然拥有这些美好事物的女性会被视为"其他人""不明白这些辛苦的人"，因而被排除在外。就这样，尚未因婚姻被夺走一切的女性从内部被区分、剔除后，剩下的人组成了"不幸者同盟"。

"不幸者同盟"是由很多已婚妇女组成的团体，加入者必须满足"我也有过相同的不幸"这个条件。换言之，你必须带着已婚、已育的明确事实，才能加入同盟。

另外一点，也是同盟的核心内容，就是你绝对不能说"我想摆脱不幸"，也永远不要讲"我决定之后出去工作"。当然，那些听起来像是自我显摆（可怕的是，判断标准并非由你决定，而是由其他成员决定）的话也不允许说出口。类似"我儿子这次考进 A 中学了呢"这样的话是绝对禁止的。不能穿太显眼的衣服，更不要戴什么名贵的珠宝首饰。

也就是说，正是这种不可动摇又无可奈何的现实塑造了自己的身份认同，在所有成员的一致认可下，这成了同盟的默认条款。那么，为什么这种不幸要通过条款来维持呢？我这样写不会产生误会吧。

"女人就是嫉妒心强，没有上进心，小心眼，爱发牢骚"，这样的话我听过很多次。当然，绘声绘色地讲这些话的通常是男性。不过，有些女性也会轻蔑地说："我可不是她们中的一员。"我承认自己有时也会像这些女性一样。但这难道不奇怪吗？女人为难女人，在我看来是最令人难过的事了。

就在那个时候，我遇到了一本书，伊芙·科索夫斯基·塞吉维克的《衣柜认识论》。

这绝对不是一本容易阅读的书，我大致总结如下：本书格调高雅地阐述了女性通过婚姻进入这个以男性为主导的世界。这里的"进入"也可以换成"属于"吧。换言之，女性通过与一名男性结为夫妇，建立民法规定的婚姻关系后，成为以男性为主导的世界的一员，但同时她们需要付出前文所说的一切作为交换。然而，意识到这代价之大将是很久以后的事了，到那时一切都为时已晚。没错，不幸者同盟的源头就是婚姻。

如果说护照表示所属，那么说女性结婚后才第一次属于这个世界，是否有点言过其实？

当然，通过与男人配对我们也会有所收获。有可以过着正常人的"正常生活"的保证，有来自丈夫作为保护者的安全感，更重要的是能有稳定的生活。虽然经济不景气，但提到丈夫的公司名称，妻子也会因为丈夫背后的企业沾光不少。这便是来自所谓"企业家族主义"的真实感受。

听说男人经常会去招惹离了婚的女性，因为男人对所属关系比较敏感。他们不能对属于其他男人的女子下手，所以才会去招惹没有靠山的女子。他们在意的并不是女性，而是他们背后的男性社会的潜规则。他们认为，即便和没有男人的女子有短暂关系，也不会招来男性社会的谴责。"你一定很寂寞吧"之类的话，不过是男人的一厢情愿。女性像这样通过结婚来保护自己，也能免受这方面的伤害。

加入不幸者同盟后，你会收获满满，但也将失去很多。"我们有很多不愉快，但正因为结了婚才能过上现在的生活。稍微忍耐一下日子就过去了，能这样一直忍耐下去也不错了。"时光在这样的相互确认中慢慢流逝。

只有承认彼此的痛苦，并承认这种痛苦是有价值的，才能安心。如果有人想从中摆脱，其他人就会产生无法形容的不安。正因为如此，才要歧视这样的女性，并将她们排除在外。不幸者同盟的背后并没有男性社会的影子，这个可恶的团体是通过女性歧视女性来得到固化的。

残酷的晋级制度

作为一名女性，想要理所当然地生活在当今世界，你就得意识到前方有一条警戒线——必须结婚。一到那里，你就得结婚。一旦结了婚，父母就会说："啊，人生大事解决了。"参加同学聚会时，自己也会在心中暗自比较，"我结婚了，那人还单着"。不知为何，一个女人的人生竟然是通过婚姻来晋级的。

晋级是什么概念呢？简单地说，就是把自己卖给"主流"（占主导地位的看法，也就是常识）的"正常"的生活方式。你出卖自己换来的是背后再没有人指指点点。如果你还生了孩子，就会被认为"终于成了真正的女人"。孩子生得越多，等级也就越高。也就是说，你的不幸越大，放弃的东西越多，所获得的等级也越高。

"二战"期间，母亲们在"生吧，繁殖吧"口号的呼吁下，接连生了好多孩子，每生一个就会消耗体力与青春。以前，最小的孩子还没成人，母亲就累死的情况并不少见。

然而更可怕的还在后头，女性的等级会被进一步细分。通过了结婚或不结婚这道关卡后，就进入生孩子或不能生孩子一关，之后还有好多关卡等着你解锁。

光文社出版的 VERY 杂志，封面上的女性都是前模特或前艺人。她们必须满足已婚（离婚不算）已育的条件，并且身材苗条，美丽依旧。她们的丈夫大部分从事新兴职业（包括 IT 相关企业、设计公司、外资基金公司等），或拥有医师、律师资格。

杂志内页刊登着读者模特[1]与她们时尚又帅气的丈夫，以及长相可爱、已考取名门幼儿园的小孩，一家三口在代官山[2]附近散步的照片。尽管如此，这些女性似乎并不满足于当一名专职主妇，她们还拥有一份能发展兴趣的副业，重点是不必以此来维持生计。花艺设计和蛋糕制作等手工艺课程或料理教室最受欢迎。她们就算专心于此也不能太忘我，还要始终保持最完美的发型。这些女性一贯秉持的是从容幸福的生活态度。

她们一天的生活大致是这样的：早起给小孩做卡通便当，和丈夫一起吃完早餐目送他上班，驾轻就熟地打扫完家里，去健身房锻炼一小时，然后和朋友在时尚餐厅共进午餐。

---

1. 读者模特：日本特有的一种模特形式，一般是白领或大学生等非职业模特。
2. 代官山：位于日本东京都涩谷区，属于东京中高级住宅区。

先不说读者是否会完全相信这些,如果试着和她们过一样的日子,我想一个星期就会败下阵来,有些人甚至还会有点抑郁。

"梦想的世界"很丰满,现实却很骨感。但看了照片,会让你觉得或许自己也能过上那样的生活。VERY 杂志给读者营造的就是这样一个"美梦"。

最近,光文社面向 VERY 杂志的已步入五十岁的女性读者,推出了一本新的杂志 STORY。该杂志的主要模特大多是有孩子的主妇,但她们永远保持年轻美貌。五十多岁的女人要依然苗条,还得穿露脐 T 恤,想想就可怕。

在正常人的世界里有着无数阶梯,底层与上层会有云泥之别。如果没有这样的阶梯,正常人的世界就会坍塌。所谓正常人的世界,指的就是这样一个不平等的世界。

一直以来,女性一旦步入中年,就会被归入欧巴桑的行列,底层与上层之间的差距会缩小。之后有一个阶段,她们会比欧吉桑[1]更有存在感。到最后,所有的欧巴桑看起来都差不多了。要想缩小底层与上层之间的差距,放弃至关重要。每放弃一样,距离欧巴桑的队伍就越近。

---

1. 欧吉桑:日语"叔叔"的汉语音译,与欧巴桑对应,指较老的男性。原本是中性词,在特定场合使用多少有些贬义。

然而，STORY 和 VERY 这些杂志的读者决不轻言放弃，她们身上充满着"一样都不能少"的气势。

我翻阅了许多女性杂志后发现，婚后女性的生活方式似乎确实比以前更自由、更快乐、更有活力。但现实中充满了激烈的竞争，必须在细分化的路线上，爬梯子一样不断晋级过关。可晋级路线不是根据女性本人的能力，而是根据诸如"升学考试"、孩子所在的小学或"丈夫的社会地位"等来划分的。

金牌妻子们有一些共同点：自己是专职主妇，老公会赚钱，孩子就读名校等。

写到这里，我不禁会想：当年三十多岁的我们和如今 VERY 杂志的读者，两者所处的时代哪个更残酷呢？

她们可能会认为，愉快地花着老公赚来的钱，让孩子沿着一定路线走下去，一切就都在自己的掌控之中。甚至很多女性还认为自己完美地利用了"丈夫"这个资源。我们不禁想到，所谓的 VERY 世代，指的是在泡沫经济鼎盛时期度过青春岁月的那一代人。为了满足不断被激发的欲望，就需要钱。在看到杂志上琳琅满目的名牌商品之后，连我都能够理解这种简单的哲学。

幸福是可以用这种方式买到的。正因为如此，买不到的好身材、好教养以及良好的生活方式，反而会引发为了晋级而产生的无休止的欲望以及不断扩大的差别化对待。

快乐育儿的咒语

我们是早已从育儿大战中解放出来的一代，所以很少有机会去了解现在市面上到底有哪些育儿书。不过，在接受采访时会收到一些育儿杂志和育儿书，越看越吃惊，差点没让我晕过去。育儿杂志、育儿书的种类如此繁多，是不是说明年轻母亲们在育儿方面已经迷失了方向呢？

这群渴望学习育儿经的母亲，在我看来有些不幸和恐怖，换句话说，很悲惨，很可怕。

关于这一点，我想就"快乐育儿"这股风潮做一番思考。我认为它不仅是育儿问题，也是所有人际关系、所有偏好中比较常见的一种现象。

某杂志对《喜欢无赖男》[1]（由仓田真由美连载于《周刊SPA！》的漫画改编）做过一期特辑，内容是一大群只会被渣男吸引的女

1.《喜欢无赖男》（*Damens Walker*）：日本的一部电视剧，日文原名だめんず・うぉ～か～，其中，だめんず意为"渣男"。——译者注

性。作为策划案，我觉得很有趣，但总觉得哪里不对。会有这种想法难道是因为我已经不再年轻了吗？还真有点不好意思。

里面出现的有容易被尾随的女性、容易被家暴的女性以及容易倒贴男人的女性等等。这些被渣男吸引的女性被画成插画，还配有一些女性的戏谑旁白："为什么交往的男人都这么烂，呵呵！"但这毕竟是有钱倒贴男人的女性才能共同分享的笑料。我承认这样的事在现实生活中只能"一笑"，但不希望就这样"一笑了之"。

我在"快乐育儿"这几个字中，同样能感受到"一笑了之"的生活态度。"快乐育儿"这个说法本身已经拒绝了养育孩子是否真的快乐这个问题。换句话说，这个说法意味着如果横竖都要照顾小孩，以快乐的心态去做不好吗？能读出这层言外之意，难道是我这个过来人想多了？

我的真实感受是育儿这种事不可能快乐。这并不是说孩子们不可爱。我认为，对于没有上一代父母参与的核心家庭，如果只有妈妈独自在公寓里带孩子，会有诸多不便，她们整日在混乱与孤独中度过，日积月累，时常处于崩溃边缘，这样的生活怎么可能快乐？为什么非要为这样的生活营造出快乐的氛围呢？

深呼吸。克制。息怒。

"快乐育儿"这种观念的罪过不是把不快乐硬说成快乐——当然也有这方面的因素。它的更可怕之处在于,那些感受不到育儿快乐的妈妈会产生"是不是我有问题""是不是只有我没办法爱孩子,没办法享受带孩子的快乐"这样的自责。从"带孩子还是快乐些好"到"带孩子应该是快乐的",再到"带孩子一定是快乐的""带孩子不许不快乐",妈妈们强迫自己的程度在逐渐增加。

也就是说,"快乐育儿"的观念会压制对育儿产生疲惫感的母亲们,这才是我认为可怕的地方。

再加上被美国人用到烂的这句"无法爱自己的母亲怎么会爱孩子",就会把无法从育儿中感受到快乐的女性逼入绝境。

"我不觉得育儿快乐。

"那是因为我有问题。

"那是因为我不觉得孩子可爱。

"那是因为我无法爱自己,我讨厌自己。我怎样才能喜欢自己?

"啊,我多希望我能喜欢自己!"

按照这个顺序,作为母亲的女性只会被逼进死胡同。

最后会演变成什么呢?或者追溯自己在原生家庭的成长过

程——"我从小就没有得到过母爱";或者认真阅读女性杂志上如何爱自己的文章;或者寻求自我疗愈的方法(温泉疗法或芳香疗法等)。甚至还有以"用拥抱治愈曾经受伤的你"为口号,收取高额费用的活动。至少我不愿意赚这种钱。

为什么要刻意强调"快乐"呢?

只有当一件事濒临崩溃的时候才会去刻意强调。正因为佐渡的朱鹮濒临灭绝,保护措施才会出台;正因为交通事故死亡人数始终没有减少,交通安全周才会设立;正因为大自然受到了破坏,保护自然的运动才会发起。

如此说来,"幸福家庭""快乐育儿"等说法的泛滥,以及书店里这类书籍的推波助澜,不正是一种危机感的体现吗?

就像"一板之下便是地狱"[1]比喻的那样,或许"家庭、亲子关系、育儿等问题,也是脆弱且危险的",这绝对不是三言两语就能产生共情的事,所以"快乐"才会被滥用。另外,或许正是因为打女人、靠女人养的男人越来越多,才会用"无赖男"这样的词汇来削弱他们造成危害的程度,让他们仅仅成为被取笑的对象。

---

1. 一板之下便是地狱:日本船员间流传的一句谚语。过去船员坐着小渔船出海打鱼,与死亡只隔着一层船板。

对"快乐育儿"有怨恨是好事

我想,"快乐育儿"这股潮流可能源于20世纪80年代的少女漫画。我们暂且假设"快乐育儿"来自《我们女人各有不同,但都很有活力》这部搞笑漫画。

漫画中登场的女人(不过十几岁到二十岁出头),双腿叉开站立,抱着胳膊,然后"啊哈哈"大笑,不知为何,她笑起来像个男人。这时,扮演"无赖男"的柔弱男子登场,漫画中的女人们时常会踹他几脚。

这些痛快果断的女性形象,对于当时刚生完孩子不久的我而言,实在是耳目一新。那时候,我经常会带着孩子站在书店里愉快地看这类漫画。"竟有人画这样的漫画。"没有悲壮感,也没有牺牲者的悲伤,只有一个面带着笑容(这是重点!),在现实中迈开大步朝前走的女性形象。

让我们把视线拉回育儿杂志和育儿书籍。这些杂志和书籍无不将孩子们的生态环境描绘得既生动又有趣,同时也向读者们传递了这样一个信息,即"让我们在笑声中快乐育儿吧"。

我在做心理咨询工作的过程中,接触过很多虐待儿童的问题。如前所述,"我感受不到育儿的快乐","我不觉得孩子很可爱",很多母亲有这样的困扰。这里就产生了一条潜规则:如果不是觉得"育儿很快乐,孩子很可爱",那么作为母亲,你就是不合格的。

为什么我会对这股"一笑了之"的风潮产生抵触情绪呢?因为它对现实生活中不平等、不公平的事采取"视而不见"的态度。

梦想成为职业女性的自己,在生完孩子后辞掉了工作,从此每天忙于给小孩换尿布或做辅食。看着镜子里的自己,不觉叹一口气。自从孩子出生以后,丈夫的工作越来越忙,尽管他也会帮忙照顾小孩,但毕竟每天回家都很晚。好不容易把孩子哄睡,透过十二层公寓的窗户,能听到其他孩子在下面的公园里玩耍的声音。走到阳台上,看看晾晒的衣服有没有干,放眼望向远处市中心的摩天办公楼,才意识到它距离自己现在所站的位置是多么遥远,顿时生出一种刺痛感。

对于那些人而言,"快乐育儿"是能帮助她们对现实视而不见的咒语。如果面对的是无可奈何或无法改变的事,那就快乐地、健康地生活下去——能够成为那样的妈妈就是一种快乐。

但是我想说:你们没有怨恨吗?

对丈夫没有怒气?对那些爸爸就没有想说的吗?

我希望大家可以清醒地意识到这一点。如果在虚拟世界倒也算了，但育儿的辛苦与烦恼，以及日积月累的近乎无聊的日常家务就发生在眼前，希望你们不要视而不见。

有怨恨是好事。我希望你们可以保持"恨意"，而不要刻意把它转变成"快乐"。

如何消化、处理这股"恨意"才是事情的关键，也是本书最重要的课题。

"婚姻是人生的坟墓"的真正意义
「結婚は人生の墓場」の本当の意味

"坟墓"对男人和女人的不同意义

"不幸者同盟"是弱势群体的联盟吗？想太多。她们有至高无上的权威作为后盾。那就是"常识"。

正是因为受到了"常识"的影响，二十一世纪的日本才没有太大改变。这种根深蒂固的"常识"就像停滞的空气一样笼罩着我们，让人感到压抑。令人惊讶的是，对此最敏感的竟然是年轻人，我想这和学校的教育有关。总之就是非常敏感。

女性一结婚就成了"妻子"，从生下孩子的那一刻起开始被叫作"母亲"。她们一旦被赋予这些称谓，就会被卷入龙卷风般的常识旋涡中。各种各样的活动、突然增加的亲戚往来、妈妈会等，会把女性禁锢在一个个小圈子里。拒绝这些是极为困难的，因为那样会变成"少数人",而成为"少数人"的恐怖不言而喻。

在那个"常识"世界里充满了甜蜜的诱惑:我们身处其中或许不幸,但这些不幸会成为荣誉勋章。比如,孩子在公园里的首次亮相、幼儿园入园和家长会。我们该把这些群体具有的某种独特强制力称作什么呢?

那些稍显不同的、提出异议的,或者拥有别人没有的东西的异类,很容易被识别出,进而被排除在外。这种排挤的力量无法用语言来表达,所以具有压倒性的威力。或许可以从这种无法用语言表达的压力,以及在这种压力下产生的怪异执念出发,来解读东京音羽女童被杀案[1]中妈妈们的关系。

如果仔细观察,就会发现在男性世界中有一种得与失对立的关系,这种关系同样存在于妈妈们的世界。然而,我们不能简单地把失去等同于不幸或丧失,因为这会从根本上动摇现在的所属关系。因此,处于相同境地或绝不想从中摆脱的人们就会聚在一起,开始一场支配的游戏。这与男性社会或夫妻关系中出现的支配游戏如出一辙。

结婚意味着得到了妻子和母亲的称谓,但同时意味着进入

---

1. 东京音羽女童被杀案:1999年日本文京区发生的一起被称为"应试杀人"的幼女遇害事件。——原注

了一个充满规则的社会。因为已经默认"通过配对获得归属的生活"这一大前提,之后再想摆脱就非常困难。

结婚后光鲜亮丽的生活就像是住在客厅装饰与意式风格相得益彰的公寓,可以坐在米白色的皮革沙发上喝着红茶;窗外,闪耀着摩天大楼的灯光。然而,金玉其外的内里恐怕布满了不能触碰的高压铁丝网。

"婚姻是个陷阱"这个形容不错。"护照"到手后就可以开启正常女性的人生,那才是"终点"(婚姻就像"终点线")。可是到达终点后却看不到前方。不,或许是不想让你看见。那么,等待着你的将是什么呢?可能就是陷阱。现在的年轻人恐怕意识到了这一点,所以才尽量把结婚往后一推再推。

事实上,这不失为一个明智之举。这种智慧可能来自目睹我们这一代父母每天在他们面前上演的家庭剧。猛然醒悟后发现,"终点"之后竟是如此令人寒心的景象……这么说来,我们也算是尽过微薄之力了。

从另外一个角度来看,他们可能认为在经济如此不景气的当下,与其费尽心思结婚,在经济上受苦,还不如在父母身边暂且无忧度日得好。

根据小仓千加子在《性心理学》(有斐阁出版)中所述,日本是唯一一个民众对结婚抱有很大幻想且年轻女性晚婚现象严重的国家。书中清楚地写道，这是因为现在的职业女性，非常清楚在男性主导的社会中幻想与现实之间存在的差距。

另一个概念是"不良少年早婚法则"。收入越低的族群结婚越早，我想大概是因为两个人的工资可以用来分摊房租。我认为这种两极分化是围绕着婚姻而产生的。

"婚姻是人生的坟墓"这句有名的话出现在婚礼上，只是为了博得大家一笑。但如果留心观察，就会发现男人女人对此有不同的理解。对男人而言，这句话意味着"他们与其他女性的交往会受到限制，因为那是一种欺骗行为"。他们把性的排他性所带来的"坏处"客套地比喻成坟墓。

对女人来说又如何呢？那才是真正的坟墓。因为女性只有在和丈夫缔结婚姻关系后，才有权取得男性的既得利益，她们只能以此为生。把自己的命运押在与一个男人的配对关系上，简直就是赌博。有赢就有输。但无论输赢，只要离开这个赌场，就等于失去整个世界。这就是为什么有那么多女性会分享自己的不幸（她们把不幸当作勋章），以免被世界抛弃。把不幸当作勋章，并且阻止其他想要逃脱的人，这无疑是坟墓。

"把她嫁出去就好"?

最近我经常生气,都什么年代了,居然还有父亲说:"只要把她嫁出去就好了。"真让我打心底里恼火。

有一位面容慈祥的老绅士,他三十出头的女儿患有进食障碍。他很认真地说:"反正是治不好了,至少得让她嫁出去。"他大概是由衷地相信女人只有结婚才能幸福,可他自己明明经常打老婆。我时常跟不上这些人的逻辑,难道是我有什么问题吗?

还有一种可能,就是把女儿嫁出去便可以推卸父母身上的责任。这和明治时代、江户时代的人贩子理论有啥区别?这就是"女人三界无家"中父亲的真实写照。从小就让女儿对父母言听计从,把她养大成人后再交给另一个男人,最后还握着他的手,低下头诚恳地说:"小女不才,感谢你接手了她。"

不光是父亲,母亲也同样如此。

有一位母亲,她的女儿也患有进食障碍,还经常偷东西。患进食障碍的人,会堂而皇之地在食品超市偷东西。听说因为太堂堂正正,反而多次逃过店员的眼睛。但次数多了,总有被抓住的那一天。这位母亲的女儿也是一样,最后还闹上了法庭。

在母亲与男友(丈夫去世后,她找了一个比自己年轻的男朋友)打算去旅行的时候,这个女儿表示"也想加入"。她明明已经二十六岁,却还睡在母亲与其男友中间。另外,不知为何她连内衣也要和母亲共用。不管母亲多么不情愿,她依旧我行我素。听起来有点匪夷所思,不过那是十多年前的事了。

直到最近,我又有机会了解这对母女的后续情况。后来这个女儿虽然嫁了出去,但病症依旧,东西也照偷,据说她老公想跟她分手。烫手的山芋好不容易才送出去,很怕遭到退货,所以她母亲极力劝说她不要同意离婚。

"人生是你自己的,你可以做你想做的任何事。"

在孩子考试或就业时,父母常常会说这些漂亮的话。可一旦女儿在生活上遭遇挫折或违背了父母的期望,他们就会想着把女儿嫁出去。只要接触到这类父母,我就会想:"吾儿,亦有汝焉?"使用水户黄门的印笼[1]也好,黑桃A也罢,总之他们想要用"结婚"来终结女儿的问题人生。这样的父母多到惊人。

这让我想起小津安二郎的电影。他的每部作品我都非常喜爱,但唯一对"去"这个字的用法无法适应。"爸爸,我必须去了。""你还不去?"类似这样的"去"字多次出现。我忘了是哪

---

1. 水户黄门的印笼:在日本的民间故事《水户黄门》中,惩恶扬善的水户藩主每次遇到不平之事,都会亮出绘有家纹的印笼,使恶人闻风丧胆。——译者注

部电影,只记得其中一个场景是父女住在一家旅馆,两人坐在床铺上聊天。我至今还记得原节子和笠智众的对话。

老实讲,一开始我并不明白其中的意思。为什么要用"去"来表示结婚呢?这让我不禁想到"去"是"离世",也就是"死"的意思。

"解决""处理"这样的说法也一样,也和"死"有关。对女性而言,婚姻真的意味着之前的人生不复存在了吗?

爱、性和婚姻

我一直在想:是谁对"浪漫爱情"深信不疑?似乎是女性,男性貌似不太相信这个。

婚姻是对幸福的承诺,与相爱的人结合是人生最大的幸福,这种想法把"爱"、"性"和"婚姻"三者合一视作女性一辈子的幸福。这种观念在二十一世纪的女性心中依然根深蒂固,着实让人震惊。现在还是有很多女性会为了浪漫的爱情而赌上自己的一生,并且奔向婚姻。

对于男性来说,婚姻则涉及更多因素,包括组建家庭,成为一家之长，传宗接代，还有结婚后更有利于安心工作等。接下来为大家介绍的案例比较具有代表性，也是当今社会"常有"的事。

男方有了其他喜欢的人，导致夫妻关系破裂。丈夫跟妻子摊牌说想要离婚，可能也算在理，可妻子不愿意，男方的父母和亲戚也都反对离婚。

男方的父亲还这么说：

"你啊你，我也出轨过四五次，最后还不是回到你妈身边。幸亏当初没离婚，所以你就照我的方式做吧。"

不仅是父亲，连叔叔也引以为豪地对他说了同样的话。男方听罢一时语塞。

"即便自己出轨也不同老婆离婚"这种事有那么了不起吗？至于骄傲成这样吗？对儿子和侄子说自己"没有抛弃老婆"的男人，还有无论如何都不愿离开丈夫的女人，你们是在比赛吗？

喜欢上妻子以外的其他异性，或是出了轨，不是应该隐瞒一辈子吗？到死都不能让妻子和其他人知道。如果妻子不知道，至少她可以当作没发生过。这不是对妻子最基本的体谅吗？如果连这也做不到的话，就只能离婚了。

一夫一妻制有时候也会通过这种隐瞒的手段来维持。并且，我们应该认识到婚姻原本就包含了这样残酷的一面。

走出"男人就是那样"的误区

一份新闻报刊登了一篇采访我的文章,里面也介绍了我的工作内容——通过心理咨询来解决各类家庭问题。也许是因为那份报纸的读者群对这些问题有一定认识,结果获得了很大的反响。我偶尔也会上电视,但反响都远不及这次。

比如,在电视上我经常会说"我有一个朋友""我的孩子""我侄子家里蹲"等,讲的大多是别人的问题,而不是发生在自己身上的事。

有人曾说,"人生咨询"就是"咨询别人的人生",的确如此。但那份报纸截然不同,几乎都是在说"自己的人生"。

那么,"自己的人生"包括哪些内容呢?我从中发现了一个有趣的共同点,就是绝大多数人在控诉"丈夫出轨"。我认为,大家把这个看作自己的人生问题很了不起。换言之,这些妻子想的不是"怎样才能阻止丈夫外遇",而是开始思考新的问题。"难道我就得这么一直痛苦下去吗?""为什么我非得这样苦自己?"

大多数四十五到五十多岁的女性,始终愿意相信"夫妻的爱"。在一夫一妻制下结婚生子,她们一辈子相夫教子,操持家务,同时相信丈夫,更不会对丈夫不忠。

B女士无意间发现丈夫的手机里有其他女性发来的短信。起因是,丈夫洗澡时,B女士发现了他从裤袋里掉出来的手机,重点是丈夫还把对方的名字故意编辑成妻子的名字。

C女士原本想告诉丈夫,公司领导来电话,说有急事联系不到他。她一心以为丈夫在出差所以联系不上,后来才发现他是在别的女人的公寓里。

D女士觉得,丈夫参加完老家的同学聚会后,形迹变得可疑起来。在她的追问下,丈夫才承认自己有一个交往了四年多的情人。

在妻子的追问下,几乎每个丈夫都会承认与其他女性交往的事。于是妻子开始失去理智。这种情况不光发生在孩子已成年的中年夫妇身上,也出现在孩子正处于初、高中青春期的夫妇当中。

这些妻子有一个共同点:她们都打心底里相信丈夫,为家庭的幸福努力生活着。她们没有做过对丈夫不忠的事——也许只是没有机会。她们一心只想在丈夫与孩子的陪伴下过平静的日子。

然而,丈夫的背叛打破了原有的平静。面对这样的打击她们应该如何是好。

发现丈夫有外遇后,她们的生活被完全打乱:陷入信任危机,食不下咽,夜不能寐,一下子瘦了十公斤,从此生活中再也不能没有安眠药和镇静剂,责怪丈夫只会招来对方的暴力,一只耳朵被打到失聪。她们会检查丈夫所有的东西,甚至跟踪丈夫……

听的人会认为这是老生常谈,也许还会认为这是夫妻间常有的事。这些是经常出现在电视里的狗血剧情,对此人们不必大惊小怪,相反应该被视为成长的代价。这很奇怪,而且完全不对,为什么不去责怪男人们的背叛,反倒大大赞扬女人迟钝些才是大智慧呢?

但话又说回来,那些妻子遭受打击真的只是因为深爱丈夫吗?也就是说对丈夫的爱与受到的苦真的成正比吗?我不这么认为。

她们遭受的痛苦源于自尊心受到重创,因为契约被撕毁,信任被辜负。所谓一夫一妻制就是对其他异性的排他性,不允许配偶与第三者发生性行为。深信这一点而结婚的女性眼睁睁地看着丈夫把这些彻底否定。与其说是自尊心，不如说是小小的优越感。但在某种程度上，妻子的宝座也只能靠这小小的优越感来支撑了。

男人们看到伤心欲绝的妻子可能还会沾沾自喜，"原来她这么爱我"，但他们错了。妻子们不是因为失去丈夫的爱而痛苦，而是因为支撑自己的根基坍塌了，信任被辜负了，生而为人的自尊心受到了严重伤害。这就是她们对浪漫主义爱情从盲目信奉到最终遭受挫败的过程。

但我认为，比起那些被奉劝"男人就是那样，保持冷静，不要对他们的任性做出反应"而忍气吞声的女性，她们强多了。能让人盲目相信到那个程度，甚至赌上自己的一生，这才是观念的强大之处。与其有朝一日能够轻易地抛开所有观念，还不如把自己的人生一赌到底。在我看来，至少这是重视自己的一种表现。

被出轨、被家暴也得忍
浮気されても殴られても

"坚持忍耐"的女人的王道

我在心理咨询中心遇到的绝大多数是女性,令人动容的人或事也见过不少。其中就有一位年过六十岁走出家庭的女性,她给人的印象干净利落,让我至今难忘。

打从结婚开始她就一直被丈夫家暴。尽管如此,她还是把两个儿子拉扯大。当儿子们各自成家只剩下老夫老妻时,丈夫依然没有停止殴打她。于是,她带着全部积蓄毅然决然地搬了出去,住进一间只有六叠[1]大小的公寓。儿子们都支持母亲,也邀请她与自己同住,不过都被这位女士婉言拒绝。之后,她来我

---

1. 叠:日本房间的计量单位,以榻榻米块数计算,一叠约 1.6 平方米。

们中心见了我介绍的律师，一年后就离婚了。真是一位勇敢的女性。

另外还有一位女性，七十五六岁的样子。因为腰痛，她是拄着拐杖来到我们这里的。她读过我的书，知道"共同依赖"这个说法。她找到我，跟我说："我一直都在为别人而活，如今到了这把年纪，我想为自己而活。"

丈夫常年酗酒，她深受折磨。丈夫因脑梗去世半年后，她来到我们中心。因为职业关系，我不怎么落泪，但这次忍不住湿了双眼。我想：换作男人会不会这样说呢？

他们或许会说"为了国家""为了公司"，但会说出"为了自己"这种话吗？

长期以来，女人的王道就是再苦再难也要将婚姻维持到底，这成为支撑女性的一种信念。但更为重要的是，把婚姻中的坚持忍耐视为女性王道的观念，对维护以男性为中心的社会体系做出了最大的贡献。

可是，何为王道？勋章又是为谁而戴？

近年来，那个以男性为中心的社会体系发生了动摇，使得隐藏在王道外衣下的夫妻间、亲子间复杂的支配关系，以及其中的受害者开始浮出水面。我想，如果能够水落石出就好了。

"妻子是附属者,丈夫是所有者"

同样是一句"没有我,他(她)就活不下去",男性与女性想要表达的意思却截然不同。前者就如同把自己的日程管理全权委托给秘书的社长,他自己无法安排;如果没有妻子,洗衣烧饭将乱成一团。后者则类似于社长的秘书,就像丈夫时常会威吓妻子说:"想想是谁供你吃、供你住的。"

我深切地感到女人是附属者,而所有者是她们的丈夫。一旦失去所属地,就很像被驱逐出境,意味着丧失国籍,成为难民。

一个女人抛下孩子奔向另一个男人,就像更换所属地一样。通常来说,如果孩子成为奔赴过程中的障碍,他们就会被无情抛弃。

然而,那些因为丈夫出轨或遭受暴力而离婚的女性,如果没有新的归属(没有找到另一个男人),该怎么办?其中最强悍的选择就是成为单亲妈妈。独自带孩子的单亲家庭无疑会得到大众的同情,那位女性也会被视为坚强的母亲。这是社会对母性的一种认知。当然,比起抛弃孩子,社会肯定更倾向于支持单亲母亲独自拉扯孩子长大(由此,我们应该学习建立一种"母性制度",详见第二章)。

既抛弃自己的孩子,又不再找新的男人,而是选择独自生活的女性可能并不多见。

有人认为,多数女性之所以不会选择独自生活,可能是出于经济上的考量。过去的女权主义就是如此。我们也经常听到这样的说法——没有经济能力,就没有离婚的自由。可实际情况并非如此,经济能力固然是个大问题,但更大的原因可能在于失去归属所带来的恐惧。事实上,我知道很多女医生、女律师遭遇家暴或丈夫出轨也都没有选择离婚。毫无疑问,她们都拥有一定的社会地位和经济实力。

会离婚的女性要么是找到了新归属(多半是男人),要么是承受着比失去归属更大的恐惧与痛苦,例如,威胁到生命的家暴。家暴或许还可以忍受,但可能会被杀害的恐惧会迫使她们逃离那样的生活。

此外,对于有工作的女性来说,职场也算一种社会归属,她们可能比专职主妇更容易做出离婚的抉择。还有的是重回娘家,即从娘家嫁到夫家,离婚后再回到娘家。男人又是什么情况呢?没有"回娘家的儿子"之类的说法,因为男性是婚姻的所有者,而非附属者。

离婚对丈夫和妻子的不同意义

如前文所述,越来越多的来访者因为"受困于丈夫出轨"而来到我们咨询中心。也有一些出轨的丈夫会来这里求助,问我们"怎么做才能弥补"。他们出轨被发现后,常年生活在妻子的责骂当中,每天晚上睡觉前,都要忍受妻子一两个小时的责骂与咆哮。

像这样的夫妻为什么还要捆绑在一起?两个人明明都很痛苦,可就是不分开。看了家暴家庭的例子,这个问题就很好理解了,因为只有在极端的现象中才能清楚地看到这类关系的本质。

人挨了打通常会逃跑。被丈夫殴打的妻子为什么不逃呢?

她们不仅不逃,甚至还会找出各种借口逃避离婚。

"我很爱我的丈夫。"

"他离不开我。"

"可是,他什么家务也不会做,甚至不会按洗衣机上的按钮,打扫更是我一个人。是我默默忍受着照顾他,他才能安心工作。"

"我很担心钱的问题,都这把年纪了,一个人要怎么活。"

你无法想象有多少家暴受害者,会这样滔滔不绝地列举不离婚的理由,而她们给出的答案又极度相似,就像是从一个模子里刻出来的。

然而，不离婚的最大原因恐怕不在这里。作为出生在日本的女性，结婚生子是她们"正常"的生活道路，脱离这条轨道而产生的恐惧，不正是不肯离婚的最大原因吗？妻子们苦苦挣扎在这条轨道上，但坚决不愿偏离。

对男人而言，婚姻只是支撑起男性社会制度的一角，就像垫脚石一样，是生活的一部分。这一制度通过拥有一名妻子而确立。所以即便和现任妻子离婚，换一个对象也丝毫不会动摇男人所有者的地位与身份。

对女人而言又如何呢？婚姻被纳入制度，是所有者与附属者的关系。妻子一旦失去归属，就相当于被流放，同时也会丧失一部分身份。一说到"离婚"这个词，她们的脑海中立刻会将其与没有收入、孤身一人画上等号。她们中的绝大多数会认为，与其那样不如忍受眼下的生活。

由此可见，无论是离婚还是结婚，它们所蕴含的意义对夫妻双方而言截然不同。对妻子而言，有时候是通过不离婚的方式来维护自己的尊严。

关于家暴的受害女性"为什么不逃离""为什么不离婚"的疑问，人们有时会给出这样的解答——暴力让人丧失力量，失去力量的妻子们连分手的力气也没有了。可是，这样的回答连一半都没答对。她们不离婚，是因为她们相信只有忍受暴力才不会变成难民，这样她们的经济才能有保证，自己也不会落得孤身一人。因此她们宁愿选择不离婚。

与东电OL[1]的共同点

我们试着换个角度来思考她们不离婚的原因。

那些女性认为，就算只是事实婚姻[2]也无所谓，"家里有男人"的好处无与伦比。在这个世界上，男人只有拥有了女人（建立家庭），才称得上是合格的男人；而女人只有被男人认可与拥有，才称得上是合格的女人。但这两个"合格"的意义和分量并不等同：前者指的是拥有一个依靠自己供养的妻子，而后者指的是只有成为男人的配偶才能得到认可。

东电OL被杀事件[3]中的受害女性，为什么每天晚上都要站

---

1. OL：Office Lady 的简称，"办公室女职员"的意思。
2. 事实婚姻：指没有配偶的男女双方，未进行结婚登记，便以夫妻名义同居生活。
3. 东电OL被杀事件：指的是1997年发生在东京涉谷的东京电力公司办公室女职员被杀事件。——译者注

在涉谷街头拉客？她毕业于一流大学，作为综合职员工[1]进入大企业，有着与同年龄段男性职员同等的收入，除了大龄（不到四十岁）未婚这一点，她的人生要好过大部分普通人。

虽然只是推测，但我认为她卖身的根本原因，可能与被家暴女性不肯离开丈夫的原因如出一辙。是否能够成为男性的性对象，成为女性价值高低的决定因素。同样道理，大部分女性议员妆容亮丽，拥有丈夫和孩子一个不少的美满家庭，并且事业有成。只有被男性认可并且经历分娩，也就是说同时拥有妻子与母亲两个身份，把人生该做的事都完成的女性，才能成为她们中的一员。

因此，女性即便受到家暴也不逃走、不离婚，并不是她们自己的责任和问题，而是横竖都有利于男性的社会结构与法律造成的。

---

1. 综合职员工：日本企业的一种用工制度。正式员工一般分为综合职和一般职。一般职员工没有任何晋升机会，多为普通劳动者和女性。——译者注

第二章 想要拯救丈夫的妻子们

"共同依赖"的人们
「共依存」のひとたち

胜利的微笑

很多来我们中心的女性,就算浪漫爱情的美梦已经破碎,仍旧死守着婚姻不愿与丈夫离婚,或者无法与丈夫离婚。她们中的不少人陷入了一种叫作"共同依赖"的状态。

有一位妻子,她那位患有酒精依赖症的丈夫始终无法戒酒。家里的两个小孩,一个在读初中,另一个小学快毕业。眼看孩子就要参加升学考试了,她却没办法帮孩子转学,也回不了娘家。她当初是不顾父母的反对结的婚,如今也没脸再回去了。

丈夫回到家从不和妻子说话,只会"嗯""啊"应付两句,一直看电视、看报纸,不然就是看漫画,从不看妻子一眼。

妻子下定决心剪去长发,丈夫竟然没察觉,一整天穿着家居服无动于衷地看他的漫画。至于孩子,他也不管不顾。就算周末一起开车去大型超市买东西,他两只眼睛也只盯着自己感兴趣的东西(运动鞋),完全不看生鲜食品或其他生活用品。

还有一些丈夫非要掌控妻子的所有情况,哪怕自己出轨在先。

结婚十五年后的某个深夜,妻子突然接到一通无声电话。丈夫说这只是恶作剧,让她别管,但出于执念,妻子还是调查了来电记录。区号是丈夫老家所在的城镇。逼问之下才知道对方是丈夫在一年前的同学聚会上遇到的一名女性。这位妻子的痛苦之旅由此开始。

翻查丈夫的随身物品、跟踪他或者打电话给丈夫身边的女性,妻子起初只是重复做着这些。可转念又想:如果自己犯了同样的错,丈夫会如何反应呢?只不过,为了报复丈夫而与其他男性交往也太惨了。不料,想着想着机会就来了。讽刺的是,妻子的艳遇同样发生在高中同学聚会上。那次聚会结束后,一名男性与自己同路,简单交流后两个人的关系一下子亲近起来,于是便一起去了宾馆。这是一种明知故犯的行为。

尽管她小心翼翼,但丈夫对妻子的变化十分敏感,对于她不再斥责自己婚内出轨感到纳闷。于是他趁妻子洗澡时偷偷查她的手机,翻她的包,甚至偷看她的通讯录。后来有一天,丈夫突然就对她动了手。明明自己先有的外遇，却无法原谅妻子出轨。丈夫的这种行为实在不可思议，太不公平了。

"我用平时怎么也说不出口的脏话回骂了他。"妻子颤抖着说道，但在挨打的过程中她竟然获得了一丝快感。"啊，原来能让丈夫这么受伤。"在明知道丈夫会偷看自己随身物品的情况下，还故意放上一张会激起他妒忌的纸条——秘密藏在另外那个上了锁的包包里。妻子的脸上露出了笑容。

她时常与情人见面，事情败露后必然会遭到丈夫的殴打，但每回她都说："只要一想到他打我是因为特别需要我，就算挨打也没那么糟。"她脸上带着胜利的微笑，仿佛在说"我所做的都是如他所愿的事"。尽管是挨打的一方，可匪夷所思的是她自以为可以掌控全局。而丈夫在使用暴力的过程中发现自己上了当，于是加倍使用暴力。长此以往，便陷入了无休止的恶性循环。这种令人绝望的支配关系就叫作"共同依赖"。

冰之微笑如泣如诉

要说这些妻子是带着怎样的表情、如何来到我们这里的，我想大致可以分为两大类型。

一类人的表情完全就像戴了一张能乐[1]面具。她们化着雪白的妆，如同戴着一张小面[2]，得体的着装也无懈可击。虽然面带微笑，却像电影《冰之微笑》的名字那样，笑容仿佛冻结了。嘴角上扬，眼睛里却没有笑意。她们微笑时只会动用一部分面部肌肉，人们很难琢磨她们的心思。如果要把这类人归为美人的话，只能说她们美得有点瘆人。

并不是说她们绝对不会掉眼泪，只是哭的时候面无表情，默默地让眼泪像断了线的珠子那般滑落。在我看来，这种奇怪的哭法使她们看似很平静，内心实则承受着无比的悲痛。

E女士的丈夫每天晚上喝大酒，几乎夜不归宿。大型家族企业全靠员工和E女士共同维持。公婆双双离世，此前十多年一直是E女士在照顾他们的日常起居，包括二老后来的入院安排。丈夫的兄弟们时常会来表示感谢，但都是嘴上功夫，从来没有实质性的帮助，甚至还会在背后对E女士说长道短，而丈夫从未出面维护过自己的妻子。两个孩子在父母不和的环境下成长，但好

---

1. 能乐：传统艺术形式之一，包括"能"与"狂言"。——译者注
2. 小面：面具的种类之一，饰演青年女性戴小面，饰演老头戴翁面等。——译者注
3. 《冰之微笑》(*Basic Instinct*)：1992年3月20日在美国上映的犯罪题材的电影，其中文译名为《本能》。

在他们成绩优异，顺利完成了升学、就业和成家立业几项人生大事。E女士也不想孩子们继承家族企业，任由他们自由发展。

E女士之所以下定决心来我们中心咨询，是因为她丈夫的一句话。

E女士的婆婆八十九岁离世，葬礼的结束意味着E女士已经完成孝道。回顾照顾公婆的点点滴滴，个中滋味只有她自己知道。丈夫在众亲戚面前，近乎完美地履行了作为长子应尽的义务，但事实上都是身为妻子的她在小心谨慎地替丈夫收拾残局。

葬礼的善后工作结束后，夫妻俩难得围坐在餐桌前。像往常一样，丈夫喝下一杯冷清酒。

"父母都去世了，你也轻松了，接下来该伺候我了。"丈夫愉悦地说道。

当看到他那副神清气爽的表情时，一个声音从心中响起，E女士知道自己的内心深处某种东西正在崩坏。

"我无言以对，再也没有什么好说的了。"

E女士直直地看着我，任凭眼泪顺着她那张能乐面具流淌下来。

自认为幸福的妻子们

另一类人绝对不会承认自己的不幸。这类女性反复说着"我丈夫人很好,既温柔又无任何抱怨"这样的话,还大声宣扬自己是幸福的女人。

我不太喜欢把那些声称自己幸福的人带入不幸的深渊。因此,如果是以前遇到她们,我总会信以为真。"没错,她们就是人们口中的'幸福女人'。"

然而,通过心理咨询工作我遇到了很多女性,渐渐明白不能单纯地相信她们的话。这些女性口中的"幸福"脆弱得像是一座玻璃城堡,完全经不起考验。

"妈妈,你为什么要这样忍气吞声?"

"我不想过妈妈那样的人生。"

F女士告诉我,她患有进食障碍的女儿时常会对她这么说。

每次她总是对女儿说:"不,不是这样的。妈妈这样已经很幸福了。"因为丈夫就职于大企业,工作热情很高,升职之路也顺顺当当,当然还会按时给她生活费,也没有赌博之类的恶习。如果F女士向朋友或母亲发牢骚,总会被她们说:"是你要求太高。"于是,她开始自我洗脑,反复在心中默念:"我是幸福的。

这还不是幸福吗?"

然而,女儿患有进食障碍,丈夫却对F女士的困扰无动于衷,几乎没有出过一分力。他只身前往海外工作期间还有了别的女人,把女儿的事完全丢给F女士一个人。在海外工作的三年时间里,他除了参加自己母亲的葬礼外,从来没有回过国,也不曾把F女士和孩子接过去。

她一边跟我述说,一边强调"可我绝对不认为自己是不幸福的",仿佛只要一想到"不幸",玻璃城堡就会出现裂缝似的。

这类宣扬自己幸福的女性其实就是在自我洗脑。

有人会在心理咨询的过程中花整整一个小时来告诉我她为什么是幸福的。有时,我也会问:"既然如此,那你为什么还要花钱来这里呢?"那位女士是这样回答的:

"来这儿之前真是不容易,非常不容易。但是呢,我想说的是,我现在很幸福。"

她努力编造一个自己与丈夫不离不弃、白头偕老的"幸福故事",来讲给我这个不相干的人听,还想得到认可。这就是她跑来这里的原因吗?

我不知道她们经历过怎样的挣扎与纠结,但"离婚"两个字绝对不可能没有在她们的脑海中闪现过。在没有聆听者可以让她们敞开心扉寻求建议的闭塞状况下，她们一定是只能自己在心里反复假设，来回斟酌：如果离婚，如果找不到工作会怎样。考虑来考虑去，结论都只有一个：就这样吧，只能像现在这样了。既然如此，横竖都得捆绑在一起，就只能认为自己是幸福的。试着重启人生，再写一个"幸福故事"吧。幻想自己生活在那座城堡里，哪怕是不堪一击的玻璃城堡。

我遇到过好几位这样的女性，对于一个决心继续困在"自己故事"里活下去的人，我能说什么呢？她们自我催眠，一路奔赴至今。面对这种情况，我会明确表示说："我听明白了。"随后再加上一句，"如果有需要，欢迎再来。"

承认"不幸"的决心

她们意识不到自己的隐忍、不幸以及来自丈夫的压制，甚至不觉得自己过得有多糟糕。"结婚不就是忍嘛。""不就是这么回事嘛。""人无完人，怎么可能都遂了我的心意。"她们这样进行自我催眠，并对其他无法隐忍的女性加以指责："也太随心所欲了，迟早遭报应。"她们用这样的方式再次说服自己。

在二十一世纪的今天，这无疑是女性们日常对话中不断会讲到的话题。有一种说法叫"战后的传承"，也可以说成"处事法的传承"或"怨恨的传承"。那些人把"凄惨""不幸"等词汇从自己的词典中抹去，把与自己臭味相投的女性集结在一起形成同盟——我擅自将其命名为"不幸者同盟"。

然而，这样自欺的世界随时可能崩塌。我就遇到过这样的人。

引起崩塌的原因形形色色，可能是孩子出了问题（比如，有进食障碍，拒绝上学），也可能是丈夫酗酒或有一些不可告人的秘密（比如，有外遇，有秘密存款，给妻子买了自己是受益人的保险）。

她们经历崩塌带来的混乱之后，又会说"我确实一直在忍耐"，"不和丈夫争论就可以天下太平"，"我一直不想承认，但总觉得哪里不对劲儿"。

我认为这些人又可以分成两类。

第一类人会在自己的词典中再添上"不幸"两个字，但需要相当的勇气。因为这不仅仅是增加两个字那么简单，她们日常生活中的所见所闻，一切的一切都将发生翻天覆地的变化。

就像一个人去做体检时被告知罹患癌症，那么他在回家的路上，看到的即便是樱花盛开，也一定感觉不到它的美。"不幸"

这两个字带来的冲击,差不多就是这种程度。

当然还是有人具备这种勇气。我总是怀着敬佩听她们述说自己的改变,她们就像脱胎换骨一样毅然决然地与过去告别。我想,她们一定相信这种改变会让她们得到的远远多于失去的("幸福妻子"的假象)。

这种决绝,源自敢于接受(一路隐忍)婚姻生活曾经给她们带来的无限痛苦与种种不安,也同样意味着她们敢于承认并接受自己的所有不幸。

"欧巴桑力量"与共同依赖

第二类人会将自己的苦难转化成一种力量,就是"我必须为丈夫和孩子做些什么"。

她们的生活中常常会出现酗酒的丈夫、闭门不出的儿子或有进食障碍的女儿,但这些并不能将她们压垮。她们也有"如果我放弃家就完了""我总得做些什么"这样的责任感,但仅凭这些不足以说明那种力量的强大。

这类女性的力量通常被称为"欧巴桑力量",或者被形容为

"强悍的妇女"等。这与其说是发自内心的感叹,不如说是对她们的小小讽刺。这是一群身体发福、穿衣毫无品位、讲话又大声的中年大妈,她们恐怕不是符合审美期待的风华正茂的女性形象。

后来,人们将这种欧巴桑力量称为"共同依赖"。这个叫法源于美国,主要存在于有瘾症(简单来说就是"上瘾")的家庭中。处在不幸深渊中的妻子,不仅不愿意离开不幸的根源,也就是她的丈夫,反而一直照顾他。决不离婚,拒绝重启人生,这在美国被认为是一种"病"。

通常,患有"共同依赖"症的人有几种表现,例如,"通过他人的嘴讲自己的话"。简而言之,她们从来不说"我觉得""我认为",只会讲"我丈夫说""我们家女儿讲""邻居太太说"。她们借他人的名义来控制和支配身边的人。

这在男性世界中同样存在。当公司准备裁员时,HR不会说"我要开除你"这样的话。在公司或企业中,也不太有人开口就说"我的意见是……",而是把具有威慑力的人物或有说服力的言论当作挡箭牌,自己则躲在后面相对安全的位置,试探性地说出想要表达的意见。就像将丈夫之名当作免死金牌,就可以在妈妈群里游刃有余的妻子,她们只要说"我老公说""我丈夫说",

就能避开日常社交中的很多麻烦。道理是一样的。

即便如此,为什么只有发生在女性身上的"共同依赖"会被认为是个问题呢?原因可能与女性特有的本能有关。这个本能的核心内容是"母性",一个最美丽、最有价值的词语。

压倒一切的"母性"

把老公当作挡箭牌、掩护,常说"我老公"的那些人,在生活中不太容易遭受太大的指责。因为就像她说的那样,她丈夫或者说男人们就是那个样子。可是,男人不太会用"我孩子"来做挡箭牌或掩护。这种情况只存在于女性当中,也只有女性才会想要以这样的理由来说服全世界。就算对方不接受,她们也要施加压力,迫使对方哪怕是表面上接受。因为"母亲"或者"母性"这样的词语与"制度"一样,具有压倒一切的力量。

电视剧中常常会出现铮铮男儿,满含泪水大喊一声"妈!"的感人场景。我也读过很多特工队在飞去执行任务前,面朝大海高声喊出"妈妈!"的故事。但我相信,在母亲伟大的形象背后,痛恨母亲、决不原谅母亲的男性恐怕也是一样多。

如果母亲形象在男人的归宿问题上发挥着作用，那就能理解他们为什么会对生过孩子、拥有"母性"特征的女性，即便做不到俯首称臣，至少也会高看一眼。

我亲身遇到过好几次这样的情况，每次和妈妈们聚会，十个人当中总会有三个缺席。理由无非是"孩子发烧""幼儿园有活动"这些。对于这样的情况，大家通常会有什么反应呢？"是哦，那也没办法，孩子只会找妈妈。""所以说家庭主妇靠不住。""如果找不到人照顾孩子，当然是牺牲妈妈的安排而不是爸爸的。"

这让我想起自己孩子还小的时候，我每次和别人约时间总会小心翼翼。当时我是自己带孩子，也没有保姆，只能祈求小孩在我赴约前不要发烧。

孩子出生后，我第一次认识到"自立"这个词对我完全失去了意义。如果把能自己决定、自行解决问题看作一种"自立"，那一个女人，一个没有保姆帮忙的母亲，会因为孩子的身体状况或孩子遇到的意外，完全丧失这种能力。

鉴于此，在孩子们还小的时候，除了他们在幼儿园的时间，我放弃了其他时段的所有学习班、研讨会以及学术会议。也就是说，除了我，如果没有人能给孩子们做饭、洗澡，发烧了带他们去看医生、给他们喂药的话，我只能选择牺牲其他的一切。

我不记得当时自己是怎么想的，因为总是被时间追赶而无暇考虑那些。当然我与孩子们的关系并不让我痛苦，相反还十分快乐。工作结束后，我开车带孩子们去小儿诊所看病，不知为什么，每次回来总会在便利店买上一份关东煮。一打开泡沫塑胶的容器盖，香味就扑鼻而来，我和孩子们一起吃着软糯热乎的萝卜……至今我还会笑着回忆那时的场景。如果没有快乐，是无法坚持下来的。

但现在回过头去看，总觉得有些东西淤积于内心深处，说得时髦些叫 ressentiment（在法语中意为"仇富""怨愤"等）。什么意思啊？对于不知道这个单词的人，我只能简单解释为"怨恨"。

当时的我眼看着男性同行工作到深夜，出席研讨会后再喝个小酒，去外地参加学术会议住个一两晚，顺便再观光旅游。而我却在家里叠着每天洗完的大量衣物，在孩子生日时给他们做什锦寿司饭，招呼来家里玩的其他小朋友。不知不觉就积压了许多"怨恨"。这里写的是男人，但确切地说，我对于没有生孩子的女性同行也抱有一些相同的情绪。

在了解完两方面的现实情况后，我不断地告诉自己："对我来说，工作和孩子都很重要。有些事现在不做，以后就没有机会了。"我甚至还说服自己，这些经历将来必定会成为滋养我的养分。

然而现在,我已五十多岁,回顾往事时发现当时那些怨恨并没有消散,还是时常会在心里,我还是会像现在这样把那些同龄男性骂个痛快。

"你们这些男人,三四十岁正值壮年的时候都在干什么?我呢,每天都是白天工作,晚上做家务、带孩子,看书都是在孩子睡着以后。你们把家务和孩子都丢给女人,然后大言不惭地说'我工作能力强',这不是理所当然的吗?你们在外面工作并不比妻子在家做家务、带孩子高贵多少!如果有'家庭主夫'能让女性从家务和育儿中解放出来,我们的工作能力不知道要比你们这些男人强多少倍呢!"

当然,以上这些话我是绝对不会说的:一来是处世之道;二来是,在这个世界上遭到男人怨恨也没啥好处。

还有,时不时爆出 ressentiment 这样的词语,也有悖我的个人美学。

"是的是的,时至今日,我的人生一帆风顺,能走到今天这步实属岁月眷顾。"

像这样打着官腔糊弄过去,就能在男性社会的一个小角落里找到自己的一席之地。

我不想将示弱当作生存武器，这同样不符合我那不值一提的个人美学。我也不想说"为了孩子我放弃了工作，呵呵"这种话，这与男性将看护经验整理成书出版一样，都会让人产生一些抵触心理。对我来说，哪怕硬着头皮也要将"做自己"坚持到底，无论别人怎么说也决不让步。

写这本书是我人生第一次打破自己的"个人美学"，讲述共同依赖中"母性"作为一种制度所具有的力量。"母性制度"可以压倒一切，甚至包括女性自己。

母性、支配与共同依赖

对我来说，育儿是一个从怀孕起便开始的漫长过程。当然现在我与孩子们的关系还在继续，所以无法用简单的语言来总结这一过程。

如果硬要自我吹嘘一番，可以把从找幼儿园开始，到边工作边带孩子的过程，当作充满悲壮感的经验来讲一讲。但我认为，那是因为孩子们现在长大了，过去的那些经历都可以根据现况写成十分应景的故事。

当时的我一心想的可能只有如何渡过眼前的难关。没有工作，却拥有更多时间与孩子相处以及料理家务，对于我来说不知道是幸还是不幸。时常打几件毛衣，或者做一些玛德琳蛋糕，腌些梅干，多么"丰富"的日常，换作现在根本无法想象。但很遗憾，那段日子其实我并不快乐。

试着体验人生，光是经历就有它存在的意义，对吗？不，一定要让这种经历变得有意义。我想，这种信念一样的使命感，是当时唯一能够支撑我走下去的动力。

话虽如此，在育儿的过程中还是有所收获的。其中最重要的一点，就是让我体验到了被赋予"母亲"这一社会角色后的滋味。那确实是一次神奇的经历。在一个超越年龄、学历或其他任何属性，仅仅共享着"母亲"头衔的世界里，我见识到了从未见过的景象。

"你不是妈妈吗？"被儿科医生一本正经地数落；被年长的前辈妈妈倚老卖老地摆臭架子；被暗示妈妈群里有一种独特的权力关系，只要扮弱势或表现得笨拙就能如鱼得水，在群体内只聊孩子就不至于被排挤在外……要不是因为"母亲"这个头衔，我恐怕一辈子也不会与那些人成为朋友。

在那些日子里，我脑海中曾闪过一个甜蜜的诱惑：享受一下"母亲"带来的神奇力量吧,那样就能像美空云雀[1]歌里唱的,"任凭河水缓缓流淌"[2]般地过上平稳的日子。

边工作边带孩子其实是一件两头不讨好的事。专职主妇们会指责你"没有自己带孩子",职场的男性同僚更不会认同育儿期的女性能在工作上独当一面。那种不舒服的感觉诱惑着我,想要对"母亲"的世界大声喊出:"我,加入你们!"各位读者可能不会相信,但说实话,当时我就处在那种状态。

其中的一个原因,恐怕是"身为母亲",或者拿现在的话来说"身为妈妈",已经成为一种以"母性"作为后盾的身份象征。到了现在这个年代,如果总是把"母性"挂在嘴上会是件令人尴尬的事。但我发现,人们似乎在以一种更隐晦的方式来强调母性的力量,一种在世界上占据着某种地位的强大力量。也许我就是被这种地位所赋予的力量诱惑。只要进入一个被形容为"作为一个母亲""因为我是妈妈"的世界,便能获得这种力量。

很多男性会顶着领导或公司的头衔来发表个人意见(狐假虎威),"我们公司""我们单位"这样的表达方式简直信手拈来。

---

1. 美空云雀(1937—1989):日本歌唱家、演员,本名加藤和枝。
2. 任凭河水缓缓流淌:《川の流れのように》(中文译为《川流不息》)中的歌词。——译者注

相对地,生完孩子,失去可以自由支配的时间,又失去工作的女人又可以假谁之威风呢?只能是"孩子"了。无论面对多么强势的男性,一句"你也有母亲吧"就会让他像被霜打过的茄子那般,蔫掉。

女性想要在强大势力面前展示力量,简直天方夜谭。不,应该说女性们不被允许使用一些令人畏惧的方法。因此,她们通过孕育小生命这种无法辩驳的"母性"行为来获得身份(地位)。当我深陷育儿与工作的两难境地时,也曾对那种身份(地位)产生过幻想。

虽然我一再声明母性、母爱是一种制度,但大多数人还是会感到别扭。那天,我一边愁着该如何解释,一边在月台上等待特快列车。当时已是深夜,我演讲完准备坐车回家,足足等了二十分钟车才来。候车期间无意中听到背座传来两位女性的对话,声音听起来六十五六岁的样子。

"太了不起了,还有什么比这更好的事呢?"

一位女性客气得有些夸张。我不露痕迹地瞥了一眼,见她戴着一顶帽子,看起来像是顶着当地某机构的名誉头衔。

"能生下这样的孩子,把他带到这个世上,就已经为世界做出了巨大的贡献。"

"您言重了。"

"哪里的话，看那孩子就知道您对他倾注了多少情感，就知道您的育儿方式有多高明。同样身为母亲，我打心底里敬重您。"

"感谢感谢，您这么说，我实在不敢当。"

不难想象，一定是另一位女性的儿子得了什么奖，看样子她们是刚参加完颁奖典礼或晚会回来。没错，用这来解释母性再恰当不过了。

原来，女性就是通过这样的方式给世界做贡献的，并以此获得慰劳和地位的提升。将其称为一种制度，一点儿也不奇怪呀。

之后，那位戴帽子的女士唠叨了半天，说自己也是养育了三个儿子的母亲。诸如此类的话。这段候车时光因为她们而变得不再那么无聊。

作为一名心理咨询师，我每天遇到很多母亲，她们在这个制度上摔了大跟头。原因就在于她们的孩子不但没有对社会做出"贡献"，反而还被各种问题缠身。

这些母亲拼了命地来到我们中心寻求帮助，不只是为了孩子，更是为了避免自己被排除在母性制度之外，并证明自我存在的价值。

看到这里，正如各位读者所了解到的那样，我们可以通过各种方式来解释什么是"共同依赖"。"以爱为名义的控制"和"不幸福但又无法分割的关系"是我经常会给出的两种定义。此外,一位来中心咨询的女性说,她把共同依赖称为"自我欲望的偷换"。太厉害了,清晰明了。

如前文所述,男性通过偷换更有权威的他人的欲望来实现自我满足,即使他们甚至感觉不到那是自己的欲望。他们就是一群把公司福祉与自己幸福混为一谈的家伙。像这样一旦失去"我"这个主语,就无法表达的中年男性比比皆是,他们就只会用"对方……所以……"这样的句式说话。

我听过无数类似的情况。当丈夫被妻子逼着离婚时,他们就只会说"她都这么说了,我有啥办法",或者"是她要离婚的",而不会说"我不想离婚"。这也太不可思议了。我想知道的是,对于离婚这件事,他们就没有一点儿自己的主见吗?这也许是他们长期依赖公司的结果,最后连自己都搞不清楚自己的需求是什么。很多男性就是这样心甘情愿地受到公司的支配,把自己的一生都献给了公司。

相对地,女性不是拥有权威和力量的他者,她们通过把自己的欲望偷换给别人,即自己的孩子(没人保护就无法生存的弱势群体),来建立共同依赖的关系。这与男性的方式形成鲜明对比。女性躲在母性制度的庇护下，一句"为你好"就能把自己的欲望转嫁出去。

孩子只能沦为实现母亲欲望的代理人，而这种方式在母性制度的庇佑之下，只会被美化和赞扬。对孩子来说，这种偷换欲望的行为，只会让自己的想法完全被母亲剥夺。然而，孩子年龄尚小，无法用语言来表达自己的感受，因此只能被一种不可名状的窒息感苦苦折磨着。

"不想吃冰激凌吗？"这句话表示"想吃冰激凌"。"你不是说想去那所学校吗？"这句话表示的是"妈妈想让你去那所学校"。被偷换了欲望的孩子接受了母亲的意愿，于是回答"我想吃冰激凌"，"是的，我想去那所学校"。因为他们从母亲的目光中读出一种强制力，认为如果不这样回答就会伤害到母亲。

长此以往，孩子会无法分清什么是自己想要的，什么是母亲想要的，渐渐连自己想要什么都不知道了。这种情况与前文提到的不知道自己所需的中年男性有些相似，但最大的不同在于孩子处于完全被动的状态。换言之，在一个无法逃避的母子关系中，孩子们的欲望逐渐被偷换，被掠夺一空。

这种微妙的支配与控制的关系，甚至比使用武力更难以抗拒，而且通过"母性"这个高尚的词语被正当化了。对孩子来说，这是一场没有胜算的战斗。"共同依赖"这个词真是绝了，它揭示了一个被"母性"所加持的身份是如何演变成对孩子的支配与控制的。

不由自主的支配

接下来我会为大家进行另一种说明。

共同依赖指的是，当一个人因为对方的某种行为而感到困扰，他或她为了阻止这种行为的发生，会竭尽全力满足对方的任何需求，结果导致对方不断受到支配与控制。在这种情况下，支配与依赖是一体两面的关系，而共同依赖便是一种不由自主地想要支配对方的行为。

例如，当孩子闭门不出时，陷入困局的父母首先会去阅读相关书籍，在一大堆描述心理疾病的书里找到符合自己孩子情况的，然后对号入座地给孩子的病症冠以名称。"怪不得我的孩子会有那种行为，原来都是生病的缘故。"于是他们开始接受孩子生病的事实。

而且，如果孩子是生病的话，父母就没有责任了。如果得出"孩子白天睡觉是因为'抑郁'"这个结论，就更不能怪父母了。他们为孩子的病冠以名称,想尽办法搭救的不是孩子,而是他们自己。这时,他们会巧妙地借用"治疗"的名义。

有些妻子也会给丈夫冠以病名,这样就显出自己是个正常人。她们把正常的、正确的言论当作武器,说"是丈夫奇怪","是丈夫不正常",并通过这种方式让受伤的自己掌握权力,对丈夫进行支配与控制。

我们在电视或广播中看到、听到人生访谈时,会发现很多人一开口总是"事实上我孩子""我丈夫他出轨""我婆婆她"这类的话,几乎不会用"其实我"来开头。看来人生访谈里讲的都是别人的人生而不是自己的。

我们咨询中心的来访者亦是如此。起初,她们来这儿是为了拯救丈夫或孩子,而不是她们自己。讲着讲着我们会发现,问题的关键并不在丈夫或孩子身上,而在她们自己身上。

我会告诉她们,想要拯救别人的人生未必是件美好的事,有时候这种关心反而有害。这是一个循循善诱的过程,因为她们坚信自己所做的是"正确"的,是"为对方好"。我在心理咨询工作中最常用的方法之一,就是用日常生活中的词汇告诉来访者哪些是具体的支配行为。

我们只有将"不由自主的支配"明确定义为"这就是一种支配",才能在这个问题上有所突破。

承认自己是受害者的困难
被害者を自認する難しさ

家暴受害者的表现

为了接受自己有问题,有时候必须先承认自己是受害者。事实上,这并不是一件容易的事。

被家暴的妻子首先不会想到自己是受害者,也不会问"我要怎样才能逃离地狱",而是表示"希望丈夫不要再打我了"。

我看到她脸上有一大片瘀青,很明显是家暴造成的。听我问及此事,她便说:"昨天连眼睛下面都是青的,现在已经好了很多。"我已经快看不下去了,于是问:"你很辛苦吧?"可对方避而不谈,只是问道:

"我怎么做,才能让他不打人呢?"

"这可能有点难。"

"可您是专家。"

"但对于一个甚至都不愿意来这里的人,是没办法要求他停止暴力的。"

"那是我哪里做错了吗?"

"有错的难道不是打人的那个吗?"

"您不要再怪我丈夫了,他也不是一天二十四小时都在打我。"

这是废话。连续二十四小时打人,生理上和体力上都办不到。

"我们也快乐过,刚结婚那会儿他挺温柔的。就没有办法让他变回从前吗?"

并不是所有被丈夫施暴的受害人都会承认自己遭受了暴力。

这些女性来到我们咨询中心会如何讲述自己的遭遇呢?我将她们大致分成五类。

第一类是属于"孩子有问题"(包括孩子闭门不出、有进食障碍等)的。然而,经过多次面谈、多方询问后才发现,原来是女方受到了严重的家庭暴力。孩子打小就每天目睹母亲被父亲打得遍体鳞伤,但大人小孩都刻意回避这个问题。后来很可能孩子就对此视而不见了。有一些这样的孩子,在进入青春期以后,会反复出现暴饮暴食以及呕吐的现象。

第二类,如同前面所述,是一群"想要拯救丈夫"的妇女。

这类女性有一个共同点,就是她们阅读大量医学及心理学方面的书籍,并且会在书上画线注明或者贴上标签。有的人甚至还拿来厚厚一本档案,里面记录着丈夫的成长史。她会一边打开档案一边开始演讲,"请您听我说,我丈夫是这样一个人",最后还会自己给出诊断。

"这属于边缘型人格。"

"我丈夫的情况是成人小孩[1]。"

我来简单说明一下。边缘型人格,正确的说法应该是边缘型人格障碍[2],该病(精神分裂症,日本于2002年统一改名为综合失调症)介于精神疾病与神经症之间,故而得此名称。而成人小孩,指那些承认自己的不幸源于原生家庭中有害亲子关系的人,原本指的是在酒精依赖症患者家庭长大的孩子。这两个都不是日常词汇,可见她没少翻阅这类书。

"为什么你会这么认为?"被我一问,她便说:"其实我丈夫

---

1. 成人小孩(Adult Children,简称AC):最初是指父母患有酒精依赖症的小孩,因为在成长过程中受到父母嗜酒、情感忽视、缺席等不好的影响而在思想、认知和行为上有偏差,在他们成年之后,这些负面影响依然存在。现在是指在机能不全的家庭中成长,心灵怀抱着创伤的大人。
2. 边缘型人格障碍(Borderline Personality Disorder,简称BPD):一种存在争议的人格异常。发病原因有遗传因素、脑病理学因素、社会心理因素等。临床上诊断存在一定的难度。

他……"接着,讲出一连串被丈夫伤害的事例。

她丈夫殴打、辱骂、出轨,无所不用其极地折磨妻子。这样的生活持续了好多年,而妻子却一直试图解开"丈夫为什么会这么做"的谜团,结果就是阅读了大量的书籍,并完成了一本丈夫的成长档案。

丈夫为什么会有那些不正常的行为?一定是生病了。如果专家们也说这是病,那我就带他去医院接受治疗,这样就能挽救他。因为我这样做是正确的。

所以她不会说自己是受害者,而是反复强调"要挽救丈夫"。

第三类是会说"都是我不好"、认为问题都出在自己身上的女性。第一次面谈前,我们会要求来访者写下自己的困扰。我一看,写的都是"人际关系不擅长""想改变自我性格"这类从自身出发的问题。但仔细聆听后,我发现她们不仅被家暴,甚至还遭受性暴力。然而,她们来访却不是因为这些。

"丈夫这样对我肯定是我的原因,可我到底哪里做错了呢?"她看着我诉说道。

自己是所有不幸与痛苦发生的根源,这是她们唯一的思考方式——根深蒂固且主宰着她们的一生。

无论你怎样解释,也无法改变她们几十年的思维定式。所以不管说什么,都会回到那个问题上来。

第四类是来学习实战经验的。她们会说"请传授我阻止丈夫使用暴力的方法"。没有那种经验,你能做的只有逃。

第五类会摆出一副"我是受害者"的姿态,但真实目的却是想要报复丈夫。她们寻思着如果自己离开家,丈夫是不是就会受到打击。所以当心理咨询员说"那你最好还是离开这个家"时,她们会非常乐意地照做,为的就是让丈夫痛苦。

但往往过了一个星期左右,她们就忍不住了,瞒着我们偷跑回去看丈夫的情况。所见令人愕然,丈夫丝毫没有陷入消沉,而且即使没有妻子,日子也照过,甚至还吹着口哨,一副逍遥快活的样子。

于是她们便向邻居太太打听:"你别告诉别人哦,我已经搬出去了。最近我老公怎么样?"最糟糕的回答是:"你不知道?你老公好像又有别的女人了。"彻底被打败的她们会有什么反应呢?她们竟然会说"我要回家",然后对着让自己吃尽苦头的丈夫忏悔:"离开家是我不好。"接下来便是一场两个女人之间的争夺战。

扮演拯救者的受害者们

一部分家暴受害者,无论受到多大的伤害,不,应该说正因为受到了巨大的伤害，她们才能站在一个更高的立场，试图以"挽救"的名义来支配与控制丈夫。这一更高的立场有时候会是"母亲"，有时候会是"治愈者"或者"拯救者"。

她们无法承认自己正遭受严重的伤害，因为这些伤害可能使她们无法面对。那么，留给这些女性的最后武器是什么呢？是"正常"这个说法，即自己是"正常"的，奇怪的、有错的那个人是丈夫。她们把自己设定为一个"挽救问题丈夫"的正常人。

遭遇交通事故或医疗事故的受害者们，可能会将伤害引起的愤怒指向社会，可如果伤害来自丈夫，愤怒要指向哪里呢？指向丈夫他可能会反咬一口，或者索性搞起外遇，甚至提出离婚，这样的话，妻子的地位就岌岌可危了。

于是，她们化身为拯救者。所谓拯救，也包含一种以上对下的支配权。如此一来，所有的愤怒与怨恨就能转变成支配或控制的力量。

这么想就能理解她们的行为了。越是挨打就越能体现自己忍受痛苦、拯救他人的价值。然而，这对阻止暴力只会起到适得其反的效果，因为怎么打都能如僵尸般复活的妻子，会对丈夫造成心理上的威胁，很可能使家庭暴力愈演愈烈。

除了当事人，其他人可能都会认为不能白白挨打——要么反抗，要么告诉对方"我不是你可以随便揍的女人"。然而，实际情况没那么简单。当一个人面对恐惧与惊吓时，也许根本无法说出这种话，因为生怕会引发更严重的暴力，明白这个道理之后就会放弃抵抗。

她们当中有些女性会谴责暴力并果断离婚。当然这些人也不会来我们中心寻求帮助。

而大部分受家庭暴力困扰，但又不知去哪里倾诉，只能选择放弃的女性，她们只能扮演起拯救者的角色，以拯救的名义支配丈夫。

"想打就打吧，你这个可怜的人。"

一边这么说，一边对他进行某种支配，这就是"共同依赖"。对于无处可逃、处于最弱势的群体来说，这种"支配"是她们最后的武器。

越是弱者越想救人

共同依赖，可以描述为对关系的操纵与支配。

在一个家庭中，最擅长操纵关系的是妻子。她可以对孩子说："你安静些，爸爸正在吃饭呢。"也可以对丈夫说："别生气了，那孩子已经在反省了。"妻子在家庭中的作用主要就是操纵关系，不知不觉就变成了一个专业的关系操纵者。

想要拯救家暴或酗酒的丈夫，并与他们形成共同依赖关系的妻子们，对丈夫的支配方式不是直接逼迫，而是在丈夫陷入困境时立刻前去搭救。只有让丈夫陷入困境，才能体现出妻子不可或缺的重要性。这不是夫妻间的爱，而是一种共同依赖的支配关系。

事实上，在询问施暴丈夫的时候有不少人会这样说：

"她很狡猾，正面交锋时总是顾左右而言他。但不知不觉，周围的环境就变成了她想要的样子。"

一旦忍无可忍，男人就会动手。

可问题不在于不可忍，而在于动手打人。如果不牢记这一点，有时候就会让暴力正当化。

为了避免误解，在此我想强调的是，这并不意味着"受害者也有问题"。也许有人会说，"是被打的女人太狡猾"，或者"所以被打的女人也有错"，但最让我警惕的是这种强势者的思维逻辑。

对于那些在社会地位与经济地位上都处于弱势的人，操纵关系是一种生存技能，这是我们不能否定的。我希望以此为前提进行接下来的讨论。

当弱者拯救强者时，"人"的后面就会出现"主义"二字，即"人道主义"，这样就会涌现出一大批支持者。"一个让你受了那么多苦的人，你还要救他，你太善良了。""这才是人道主义。""这才是夫妻间的爱。"这样的评价越来越多，拯救者的社会地位也会因此迅速提升。

除了操纵关系、别无其他生存方法的女性，如果不以人道主义、爱和奉献的名义赢得万人共鸣的庇护，就无法站在高于男性（丈夫）的位置上。

就算是男性，也有人经历过逃学，好不容易考上大学，勉强毕业后有时会选择从事社会福利事业。那是一份高尚的职业，但从事心理援助工作的人身上带有某种弱者特质，或许只能生活在人道主义的大旗之下。这对从事心理咨询工作的我来说亦是如此。

帮倒忙的父母、兄弟

对于家暴受害者，我们首先会建议她们离开家，而不是马上离婚。条件允许的话，一个月，至少也得一周。总之先离开，否则暴力还会继续。

但大部分受害妻子会说："我没办法离开。"

"丈夫情绪低落。每次看到我身上的瘀青，他都会非常沮丧。我不能丢下他离开家，这不等于抛弃他了吗？"

我心想这样的丈夫抛弃也罢，但这么说根本无济于事，只能耐心引导。

"不过，这样的事例过去也有不少，被家暴后先是惶恐不安，以为自己都想清楚了，但事实并非如此。所以说，为什么不试着切断与丈夫的所有联系，先离开一个星期或十天看看呢？"

即便这么说，她们也不肯答应，还会继续推出父母和兄弟姐妹做挡箭牌。

"我也对父母说了这事。他们说：'你丈夫这人不错的，你也有你的问题。'他们这么说可能也对。明知道丈夫是中日龙[1]的球迷，我还要提读卖巨人[2]，是我的错。如果乖巧一些，他说啥我都点头就没事了。老是反驳他说'才不是这样'，才会让他生气的吧。"

---

1. 中日龙：日本职业棒球联盟中的球队之一。——译者注
2. 读卖巨人：日本职业棒球联盟中的球队之一。——译者注

令人费解的是，明明是自家女儿被打，父母和兄弟反而都向着丈夫，叫她忍着点。于是，孤立无援的妻子开始相信挨打的原因是自己先伤害了丈夫。从此以后，她都先从自身出发，试图找出问题所在。那些在旁观者眼里微不足道，甚至有些愚蠢的事，都会被当事人视作挨打的原因。

当听到自己女儿被丈夫打，几乎没有一个父亲会说："太过分了，赶紧离婚好了。"他们中的很多人不会站在女儿一边。这让人怀疑他们是否也曾出手打过自己的妻子，也就是女儿的母亲。

同样挨过打的母亲也会劝说女儿："连这些都忍不了，那要怎么办？"主要是因为面子问题吧。她们不想让别人知道自己的女儿逃回了娘家。这些所谓的"别人"不过是身边的二十多个亲友以及他们身后并非真实存在的"全日本民众"。

即使她们逃离了家，亲戚们也会合力说服她们重新回到丈夫身边，然后就是放弃做心理咨询。一想到在此期间她们还会继续遭受家暴，我心里就十分难受。

出于这个原因，在解决家暴问题的时候，受害人不应该过分依赖亲友或熟人。此外，近年来不断出现由家暴加害者犯下的虐杀事件。这些人将家暴受害者的家人及朋友当作目标，正是因为他们知道受害者能依靠的就只有亲人或熟人。

什么样的男人会打人？
どんな男が殴るのか

没有受害者意识，也没有加害者意识

自从出现DV[1]这个词，丈夫殴打妻子的行为才被叫作家暴。在此之前虽然也有过"家庭内暴力"的说法，但泛指父母对孩子使用暴力的情况。有时候会看到DV被翻译成"家庭内暴力"，不太对；译成"配偶间暴力"也不恰当。正确来说，就是指"丈夫对妻子的暴力"（近年来，在亲密关系中男方对女方施暴，被称为"约会暴力"）。

虽然女性也会对男性施暴，同性的恋人之间也存在非常严重的暴力问题，但我们这里唯独锁定男性对女性的施暴，是因为

---

1. DV：Domestic Violence 的简称，"家暴"的意思。

90%以上的生命危险都是由这类暴力造成的。

家暴受害者起初并不认为自己是受害者,这是这种暴力关系的一大特征。那么,加害者又是怎么想的呢?事实上他们同样不认为自己是加害者,有人甚至公然表示"打女人的男人才是真男人",压根不认为这是"暴力"。另外,一边说自己是受害者,一边动手打人的丈夫也为数不少。

有人说"女性也在使用语言暴力",这是一种理屈词穷的表现。难道使用暴力是因为先被语言伤害到了吗?也有人说"被打的人有错"。当然,暴力产生于某种关系当中,不能说被打者完全处于被动状态。但无论如何,这些都不能成为暴力正当化的理由。你可以用语言来对抗语言。如果做不到这一点,只能说明这方面的能力有待提高。

还是有很多人无论如何也不会使用暴力的。如果只把目光聚焦在施暴原因上,就会忽略暴力本身所具有的严重加害性。在人与人的关系中,很多人只会使用暴力这一种方法,我认为这是家庭暴力中潜藏的最大问题。

尾崎红叶在小说《金色夜叉》中描写道:"你是被金钱蒙住了眼吗?"男主说着便用穿着木屐的脚狠狠踹了女主一脚。在热海[1]还有铜像为证。这同样是暴力。这是典型的错在女方,所以施暴一方没有加害者意识的思维模式。明明男人也常常会被钱财蒙蔽,可女人犯了同样的错就招来了暴力。

施暴丈夫的另一张脸

家庭暴力大致分为两种:一类暴力行为就像日常生活中叫"喂,盛饭!"那样屡见不鲜;另一类是忍无可忍,直到某一天突然大爆发,之后便一发不可收拾。

无论哪种情况,家暴都不可能只发生一次,多数会成为一种习惯。这也是为什么家暴会被认为与成瘾有某种共通之处。但有一个大前提,家暴毫无疑问属于违法行为,情节严重的还构成犯罪。普遍认为,对药物产生依赖并经常使用兴奋剂是违法的,同时这些人也被视为成瘾者。

值得注意的是,成瘾是一种不是疾病的"病",不一定非得去精神科就诊,却是一种不好的"习惯"。如果给家暴成瘾贴上

---

1. 热海:日本的观光城市,以温泉出名。——译者注

"疾病"的标签，就会给施暴者找到开脱的理由。因此在这个问题上，我持反对意见。

那么，什么样的男人会使用家庭暴力呢？

提起家暴，大家可能会联想到酗酒，但酗酒打人的情况并没有一般人想象中那么多。如果施暴者是酒后打人，通常会被认为患有酒精依赖症。事实上，现在有很多患者戒酒、戒毒之后就不再打了。问题在于那些若无其事地动手的男性。令人困扰的是，大多数家庭暴力是由那些头脑清醒的男性造成的。

他们看起来温柔和善，轻声细语，或者还是某个领域的精英，甚至有不少是名人。他们可能是经常出现在媒体面前的作家、艺人或学者，名字都是大家耳熟能详的。"哦？他也会打老婆啊？"

比如有一对夫妻，两人都是学者。妻子表示之前完全不知道丈夫会动手打人，暴力发生在婚后几个月。这位丈夫有一定的社会地位，也是一位公认的绅士，但在家经常殴打妻子，是一个不折不扣的家暴男。妻子看到他在外面的样子，还是不敢相信他会是一个施暴的男人，于是花了大量时间寻找原因，并且迟迟没有离婚。

一边寻找对方打人的理由，一边凑合着过日子，这种情况经常会发生在家暴家庭当中。

施暴者会改吗？

打人的男人会改变吗？或者说他们会停止施暴吗？

非常遗憾，事实上这非常困难。

在美国，有关部门会对家庭暴力中的施暴者进行矫治教育。相关调查报告的结果显示，自愿接受治疗的施暴男性只占三成，另外七成是被法律强制要求进行治疗的。换言之，大多数施暴者是抱着"总比进监狱强"的想法，才勉强接受矫正治疗的。

在这里我想重申一遍，对于"治疗"这一说法我个人非常抵触。如前所述，家暴不是疾病，所以不需要用"治疗"两个字。有些国家会把施暴者当作罪犯逮捕，并称之为"重生计划"。

在日本，除了用人身保护令来禁止施暴者靠近以外，没有任何其他保护政策。很多时候就算妻子或恋人逃出施暴者的魔爪，他们还可以找别的女性，暴力会再次发生。

可如果对改变不再抱有希望，我们还能做些什么呢？因此，我希望大家不要放弃希望，继续努力下去。

酒精依赖症患者，对喝酒本身抱有"哪个男人不喝酒"的想法。除非喝到打人或者没办法工作，否则他们是不会去接受治疗的。这和施暴者意识不到自己有问题是同样的道理。所以仅仅对他们说"不能打人"是没有用的。我们必须从教育着手，告诉妻子们"只要挨打就是受害者，他没有任何理由可以打你"，同时也要不断向丈夫灌输正确的观念——打人是暴力行为，对妻子施暴不仅违法，还很卑劣。

家暴受害者处于弱势，对暴力心存恐惧，身体上又受到伤害，往往想逃也没有经济来源，所以走投无路的她们很容易被说服。而施暴者无论在体力上还是财力上都占绝对优势，他们觉得打老婆这种事不算什么，要想改变他们的观点就比较困难。

打了又跪地请求原谅，怎么办？

屡遭殴打却不离婚的背后还隐藏着家暴男惯用的伎俩。接下来给大家举一个典型事例。

有一个家暴男一喝酒就打人，受害女性在这种持续的关系中怀了孕。家暴男有什么惊人的举动呢？踹她的肚子让她流产，之后又与其他女性交往。受害女性这才来到我们中心寻求帮助。

"我真的想跟他分手。"她每次来都这么说。有一次家暴男还打来电话,哭着对女方说:

"喂喂,知道是我吗?对不起,我很想你。"这通电话让她动摇了,以至于在之后的面谈中她这样说道:

"我很犹豫,我在想是不是我的离开让他很难过。其实,他现在正等在楼下。"

接待她的心理咨询师傻眼了,但又不能强行阻止。

"我是不赞成你这么做的,但如果你这样考虑我们是没办法阻止的。不过,以后再有什么需要帮助的话,请务必来我们这里。"

说着便送走了这位女士。此后她再也没来过我们中心,不知道她过得怎么样。

这个男人的态度可以说是施暴者的典型态度。打完痛哭,再打再哭,如此循环。另外常见的还有行土下座[1]之礼和剃光头。

这类丈夫会设法先把在庇护所(家暴受害者紧急避难场所)里避难的妻子叫出来,妻子一看人已经剃了光头,并且在银座

---

[1]. 土下座:一种日本礼仪,以五体投地的姿势表示谢罪或请愿,现代一般用来表示最深切的歉意或诚心请求之意。

四丁目[1]的中心位置当众下跪道歉。如果被这样诚心的反省打动，傻傻跟他回家的话，还会被打，反复循环。

行土下座之礼和剃光头是日本男人惯用的伎俩，不仅仅存在于家暴当中。而在生活中已经低到尘埃里的女人们，是用不着再五体投地地下跪的。那么，为什么在男人的世界里行如此大礼求饶会那么有用呢？因为男人或多或少存有一些优越感，那样做可能是在传达"那么了不起的男人都给女人下跪求饶了"这样一种信息。

然而，现在在美国和日本，关于家暴施暴者下跪道歉这件事出现很多想法。一直以来，人们都认为男性会这样做是出于对施暴行为的后悔，并想要以此方式请求与妻子重归于好。但现在人们开始推测，实际情况可能并非如此。

施暴者一边下跪一边密切观察妻子眼神的变化——从"决不原谅"慢慢转变为"都做到这个份上了，太可怜了"。所以说，下跪求饶只是他们把妻子先争取回来的一种战术。

无论如何，他们想要的无非就是先让妻子回来，为了达到这样一个目的做什么都行。这种行为是对妻子的执念、占有欲、支配欲，还是所谓的爱情呢？其中的差别非常微妙。但可以肯定

---

1. 银座四丁目：日本东京中央区的一条主要商业区大街。

的是，在大多数情况下，即便施暴者五体投地地下跪道歉，只要妻子回来，过一段时间他还是会再次施暴。

剃光头的方法不仅适用于施暴者，也是男性谢罪的常用方式。

常言道，头发是女人的命。但事实上，头发对男人来说才是生命。男人害怕没有头发，他们对秃头的恐惧是假发公司的生财之道。所以他们才会动不动就上演削发明志的戏码。

施暴者会五体投地地下跪，或者舍去自己身上最重要的东西来表示悔改。但他们绝对不会对妻子说："为了对我打你表达歉意，你也打我、踢我吧。"

从中可以看到的是施暴者对受害者的示弱，打人的丈夫是在依赖挨打的妻子。而丈夫用暴力来支配比自己弱势的妻子，说到底，不过是需要通过吸引一个比自己劣势的女人来证明自己的能力。

有时施暴者甚至认为自己才是受害者，完全不体谅人的是妻子，她企图用言语来支配他。被她的话逼到那个份上，他除了动手别无选择。

与认为自己是受害者的丈夫相匹配的是，幻想着只有被打才能控制丈夫的妻子。当妻子面对哭着下跪求饶的暴力丈夫，尽管心里存有"可能还会被打"的疑虑，但还是输给了"眼前这个人如此需要我""我竟然让他这么痛苦"这样甜蜜的感叹，于是重新回到原来的生活中。

我听了时任美国总统布什在"9·11"恐怖袭击事件发生之后的讲话，感觉他的逻辑和施暴者的如出一辙：一边说着"我是受害者"，一边出手打人，打完后毫不自责，也完全意识不到自己才是加害者，最后再来上一句"愿主保佑"。

"不好好干家务，也不给孩子吃些好的，有这样当妈的吗？我是为了救孩子才打她，这样才能让她意识到自己的错吧？"

很多男性以拯救孩子的名义对妻子施暴。如果把布什当时关于侵占伊拉克的所有讲话全都翻译成日语，也许就能看出家暴施暴者的逻辑。

发现了吗？不仅是女性，很多男性也想充当拯救者。但与女性不同的是，他们不敢正面、直接地提倡暴力正当化，而是穿上了拯救者的外衣作为掩护。

不可触及的"家庭问题"

2001年10月，日本通过并实施《配偶暴力防止暨受害者保护法》(以下简称《家暴防止法》)。然而,《家暴防止法》除了严格禁止施暴者靠近受害者之外,对施暴者并没有任何其他限制和处罚。这项法令被认为是形同虚设,在我看来何止虚设,简直是漏洞百出。

自从该法令实施以来,与家暴有关的案件不断浮出水面。为了躲避施暴的丈夫,妻子躲回娘家,一路追去的丈夫杀害了妻子的侄女,放火烧毁了妻子的娘家,甚至在妻子受保护期间还绑架杀害了陌生女高中生。2003年,一位丈夫为了争夺电视频道而对妻子施暴,当妻子逃去附近的女儿家时,丈夫手持猎枪欲伺机杀害,致使一名警察身负重伤。在另一起案件中,当妻子逃去援助机构(可能是紧急庇护所)求助时,丈夫多次逼迫妻子的朋友告知其去处。当听到那位女性朋友说"我不知道"时,该男子朝其背后捅了三刀,将其杀死。

伤害妻子的亲人、朋友是为了警告,还是单纯只想引起妻子的注意?

当施暴者的真面目被公之于众,那些自诩铁骨铮铮的男人为什么不对这些卑劣至极的同性加以批判呢?有关家暴施暴者的行为存在着众多谜团,这算是其中之一吧。

我们不得不承认,《家暴防止法》的实施让受害妻子和孩子有了一线生机。但不对施暴者采取任何限制和处罚也是导致以上案件发生的重要原因。如果类似案件持续发生,受害女性恐怕还会因为害怕遭到报复而不敢逃跑。

来自全国各地妇女中心、庇护所的工作人员告诉我们,因家暴问题前去咨询的人数逐年递增,逃到庇护所请求援助的人数也在增加。《家暴防止法》的最大意义就在于明文规定妻子不该忍受丈夫的暴力,家暴是违法行为。

也许有人会认为颁布《家暴防止法》是理所当然的,但事实上这是一个突破性的发展。长期以来,家庭内暴力被人们默许,在"父权""男子气概"等词汇的裹挟下,不少人认为"父亲和丈夫就是会打人的"。不,根本连"打"这个词也不存在,只能用"抬抬手"来形容。我只能感叹词汇的博大精深。而法律的出台,明确指出"这是违法的"。

此外,由于法律的出台,哪怕预算少得可怜,只要受害人逃到公共机构就能受到保护。然而,要想再有所超越恐怕就困难了。

在美国,实施家暴的男性被视为罪犯,他们要么被关进监狱,要么被强制教育。而日本能走到哪一步呢?

对加害者的放任与虐童问题一样,两者毫无疑问都是发生在家庭内部的问题。然而,社会既然希望家庭成为舒适安定、不被玷污的避风港，又怎么能够放任"家庭"中出现加害者的呢？

受了伤当然是去医院治疗。所以如果你被丈夫或父亲打伤，就会受到保护，有时还给你治疗，但仅此而已。就目前的《家暴防止法》而言，无论是从家里楼梯上摔下来骨折，还是被丈夫或父亲打到骨折，它都一视同仁。它是帮助了受害者，但也没有惩罚加害者。

随着朝鲜拉致事件[1]的持续发酵，日本人对家庭产生了越来越强烈的"幻想"。"家庭纽带""家人之爱"的说法似乎拥有了更强大的号召力。在这种情况下，家庭内暴力今后还会继续成为不可触及的禁忌话题吗？要牺牲多少人的生命，日本才会有所行动呢？

到底有多少男性在殴打妇女和儿童？对家庭裁判所和少年教养院工作人员的调查结果显示，为数不少的失足少年都曾受到来自父亲的身体虐待，很多犯了罪的孩子是在父亲的殴打下长大的。家庭内施暴男性数量之多的事实逐渐明朗化，而家暴所造成的影响也开始浮出水面，这就是日本的现状。

---

1. 朝鲜拉致事件：2002年9月17日，在平壤举行的日朝首脑会谈中，朝鲜首次承认了其过往对日本人进行绑架一事，并为此道歉。

厌女症、恐同、家暴

我认为,"厌女症"(misogyny)可能是男性对女性动用暴力的原因之一。

我在哲学家内田树的《为了疲惫到无法入睡的夜晚》(角川书店出版)一书中,发现了一段关于厌女症的描述,相当有趣。对这段话我个人的理解是这样的:

> 美国从来就是一个极其厌恶女性的国家。绝大多数移民是男性,结果,为了得到一个女性他们不得不展开争斗。很多好莱坞电影中所描写的西部女性形象,就是由这种恨演变而来的。女人不算什么,男人之间的友情才最为重要。这便是美国厌女现象的底层逻辑,是美国家暴问题不可切割的一部分。

真是醍醐灌顶。内田先生还说,不能把美国这样一个特殊国家直接拿来当作日本的标准,完全照搬照抄。没错,我完全赞同。

可是,有时候我从施暴男性的话语中也能感受到恶意,就只能形容为"厌女"。他们用一种类似唾弃的言语来贬低女性,比如,"饭桶!""不是人""蛆都不如""女人中的败类""毁了我人生的家伙"等等。

如果这不是厌恶,那是什么呢?

此外,比较私密的两性问题也较为严重。出现ED(勃起功能障碍)这样的说法,并将其视为一种需要医疗机构参与治疗的疾病,实在既荒诞又可悲。搞不好这与家暴也有关系。无法满足女性性需求,给男性造成了严重的危机感。这是身为女性的我们无法想象的。不,也许正因为明白这一点,有时才会用善意的谎言去维护一下他们脆弱的自尊心吧。

也就是说,只有在比自己"劣等"的女性的帮助下,他们才能找回作为男性的尊严。事实上男人对于那种危机隐约有所感知。或许也正因为如此,他们才会从一两句话中听出威胁或产生危机感,进而挥起拳头。停止暴力是我们唯一希望的。我们了解男性的脆弱,但也用不着打成那样吧?会这样想的只有我吗?

这与男女看护问题上的差别对待是一样的。男性看护被视作一种崇高的职业,还被传为美谈;而女性看护则被认为是天经地义的。人们常说的"婆媳问题"亦是如此。人们不禁会想,女性是劣等的、愚蠢的,这是一种刻意的厌女情绪。

也有人说,对女性的厌恶与对同性恋者的厌恶或恐惧

(homophobia）是一体的。没错，非常同意。很多男性有不同程度的恐同心理。在心理咨询的现场，我也遇到过一些深陷恐惧的男性。"我会变成同性恋者吗？""我会被男同性恋者袭击吗？"女性对同性恋者则没有那么厌恶。

还有一件发生在很久以前的事，当时我和一名比我年轻二十多岁的医学生聊天。讲到同性恋的话题时，我才刚讲到"同性恋者……"原本微笑的他突然变了脸，恶狠狠地说："那些家伙就该被丢到垃圾焚烧炉里去。"我大为震惊，他竟然如此厌恶同性恋。

男性可以把女性当作性幻想对象，与此同时，又极其厌恶和恐惧自己成为别人的性幻想对象。可是女性无论走在路上还是在地铁里，每天都活在被别人当成性幻想对象的恐惧中。

还有人认为，男人之间勾肩搭背、抱头痛哭，也可能是因为厌恶女性。

从电视转播看到国会男议员时，我发现他们的肢体接触特别多，像挽着手臂、窃窃私语，或者拍拍肩膀等，完全就像女高中生一样，甚至还有称呼"纯酱[1]"的。据说，这些举动是在表示

---

1. 酱：日语后缀词的汉语音译，用在人名等后称呼他人时，表示一种亲密的关系。

"我们不是敌人"。男性之间那样频繁的肢体接触,除了国会再无别处了。

男性社会的"连带"关系就是把"女人""同性恋者"这些都排除在外,并且在此基础上建立起来的吗?

我活到这个年纪才发现一件事:女性虽然被认为是人类,但并没有被当作"人"来看待。永田町[1]的秘密会谈中没有一位是女性,诸如决定地球未来这样的重要时刻也没有女性参加。"人是会思想的芦苇"(帕斯卡尔语)中所说的"人"也不包括女性。

通过女性学我了解到,"人类"曾被称为 homosocial(意为"同性社交"),指的就是男性阶层。在男性居多的场合,一谈到重要话题,我这样的人就会变成空气。去地方做完演讲,我们有时会被邀请到俱乐部或是酒吧。那些把手搭在女性肩膀上的醉醺醺的男性,又是如何看我的呢?我从心底里感到不舒服。我想,在他们眼里我可能既不是"人类",也不算"女人"。

诸如此类,不胜枚举。参加医生聚会时更夸张,男医生之间无条件地彼此称呼"某某医生",碰到我就变成了"你"。如果

---

1. 永田町:首相府、众议院议长官邸、参议院议长官邸、自由民主党本部、民进党本部、社会民主党本部所在地,是日本国家政治的中枢地区。——译者注

对所有人统一称呼"你"的话，我还能理解。可很明显，就因为我是女性且还不是医生，就被叫成了"你"。我认为，称呼最能体现上下级关系以及所处地位。我想过要不要也用"你"来称呼那些男性，并且决不会叫他"某某医生"，而是"某某桑"。

我写这些不是为了听别人叫我一声"信田医生"。就因为我是女性，不但被自动冠以"你"这个称谓，还被排除在男性社会以外，这种歧视让我感到非常愤怒。

写到这里，我整个人都抑郁了。但是我能够生存至今，是因为相信"并非所有男人都是如此，这个世界上一定有更像样的男人"。这样的男人虽然为数不多，但周围并不是没有。

他们诅咒自己生而为男人，并从心底里觉得做男人没什么好的。如果有来世，他们情愿做女人。请不要误会。他们也是一群打着领带，在男性社会中享有一定地位的人。每当我与其他男性相处困难而感到遗憾时，就会把他们视为真男人的代表，设法让自己释怀。

第三章 『女人』沉没时，『母亲』出现

女人的支配,男人的支配
女の支配、男の支配

妻子们的"完美掌控"

被出轨、被家暴也不离开的妻子们,最终目标是实现对丈夫的"完美掌控",也就是让丈夫成为离开她们就无法生存的人。

男人对女人的掌控就像牛仔对关在栅栏里的牛一样,"你是我的,你已经逃不掉了"。女人对男人的掌控则是废掉其手脚,再让他们的大脑退化到婴儿,"离开我,你就活不下去了"。女性是弱者,这种弱者对强者的控制更需要智慧。

妻子选择继续隐忍而不是离婚,对丈夫来说倒也不错。"男人不管到几岁,都只是个孩子",这是男人们自私的说法。当出轨被发现时,一个人到中年的男人突然就变成了宝宝,电视剧里经常能看到这样的剧情。那些想让自己被当成孩子、一直受妻子照顾的男人，似乎很享受"离开我，你就活不下去"这种母爱泛滥的控制模式。

然而，获得这种享受的前提是男方要有社会地位和经济实力。一旦他们退休或生病，妻子的掌控就将变成对丈夫的报复行为。

这里有一个典型的事例。某个商界名人糖尿病恶化，导致双腿无法站立而被送进医院。当然他住的是豪华病房。这个名人早年有很多情人，妻子苦苦忍受几十年都不离婚。然而，就在那间豪华病房里，上演了一场骇人的复仇剧。

妻子只给年老的丈夫穿破烂不堪的睡衣，而院方也无法干涉，因为房费昂贵，一切只能听从病人家属的安排。

妻子经常出现在病房，但不是来探望丈夫。她神清气爽，总是戴着一顶有紫色羽毛装饰的紫色帽子，手里拿着紫色拐杖。老妇人会用拐杖挑开丈夫的被子，戳他的身体，然而失去语言能力的丈夫只能发出几句呻吟。老妇人会恶狠狠地盯着痛苦的丈夫，然后回家。

我不想把这个故事归结为一个女人的悲剧。这是一个性别差异（由文化，特别是性别社会化造成）的问题，请记住它是由社会结构造成的。

每次遇到这样的女性，我总会感到心痛。她们长久以来所承受的痛苦，只能用这种方式来处理吗？她们的生活中就没有其他的幸福吗？

是拯救，还是复仇

我们无法把加害者和受害者简单区分开。我将其称为"加害与受害的双重性"。由于性别上的弱势，女性在男性社会中受到支配，成为受害者。但她们往往又会用和加害者相同的方式，再去支配或控制其他人，就像人们常说的，奴隶会效仿奴隶主的方式去摧残别人。那些作为家暴受害者的妻子，她们以拯救的名义照顾患有酒精依赖症的丈夫，还有闭门不出或者有进食障碍的孩子，并且沉迷于这种支配或控制的关系。在此过程中，她们变成了加害者。

当有人需要救助时，拯救的行为才能成立。比如，地震中房屋倒塌，在一片废墟中有人大喊"救命"。按照本人的意愿将其从废墟中救出来，那才叫拯救。

可是明明没人求救，甚至还被说"你太碍事了""走开""闭嘴",拯救者却依然迎难而上,还说"可这是为你好啊"。这算什么拯救?是要拯救什么吗?

我之所以会对拯救这件事抱有怀疑,全因为一件事。有一位G女士,虽然遭到一位男性的残忍对待,但始终对他不离不弃。

G女士是在大学时代认识的这位男性,她当时被他的强势性格深深吸引,于是开始和他交往,不久就怀了孕。听到G女士说自己怀孕后,那位男性说:

"我怎么可能要你的孩子?如果你要待在我身边,我不反对。结婚,想也别想。谁让你这么丑?"

被说成这样的G女士依然不肯离开,因为她觉得"这个人除了我一无所有"。当然,肚子里的孩子最后没有留下。

大学毕业后,男的成了牙医。G女士便跟随他一起去北海道研修,在那里她再次怀孕。这件事终于被男方的父母知道,迫于无奈,两人结了婚。

婚后,这个男人从未停止对G女士的谩骂,甚至动用暴力,可G女士始终试图理解丈夫的行为,认为"他这样对我,一定有他的理由",还想从丈夫与其父母的关系中寻找拯救他的方法。让人匪夷所思的是,G女士想要把丈夫的谩骂和暴力行为,与他所遭受的不幸以及生病的原因联系在一起。

听了 G 女士的述说,我不明白她为什么要如此容忍丈夫的谩骂与暴力行为。

莫非这种拯救其实是报复?

如果有力气,还可以以暴制暴。无法做到这一点的女性,就只能这样想:

"他这么做难道是一种病?"

"怎么就病了呢?"

"一定是和他不幸的原生家庭有关。"

然后,再如僵尸般复活。

"我都理解,你是一个可怜的人。"

想要拯救男人的心如同挥之不去的执念,死死将女人缠住。G 女士的例子可能有一些极端,但后来我确实遇到过很多类似的案例,那些女性几乎都是家暴受害者。我甚至开始怀疑,日本夫妇是不是大多是这种相处模式。

为什么非要去搭救一个没有求救的人,或者为了一句他可能是随性说出的"救救我",就苦苦等待能搭救他的机会呢?一直以来,人们用"爱情""母性""用情至深"等词汇来形容女性的这种行为,而我只能将其理解为报复。

男人也可能会有同样的举动。那些跟踪狂脑子里唯一想的就是要拯救所追求的女性。即便遭到拒绝,也决不放弃,一边狂想一边继续纠缠。

"好可怜啊。她一定是害羞,其实心里是喜欢我的,只是说不出口而已。"

他们会密切关注对方的一举一动,就是想告诉对方"我知道你所有的事"。

有一位女性为了躲避跟踪狂,甚至逃到了国外。抵达国外当天,所住酒店的电话铃就响了。

"你好吗?"

"你怎么知道这里?"

"听好了,你的事我全都知道,你逃不出我的掌心。选我,你就有救了。"

听起来让人毛骨悚然,却是真实的案例。

大多数跟踪狂不会直接说"我要杀了你""我会让你受到伤害"这样的话。他们会说的是"只有我能救你",然后继续跟踪,穷追不舍。极端的拯救者其实就和跟踪狂差不多。

千方百计给丈夫起病名

一个没钱、没体力、没颜值、没有娘家做靠山、带着孩子,但脑子还不算太坏的女人,在遭遇丈夫出轨和家暴时,若她以"我是受害者,你是罪魁祸首"的态度与其正面起冲突的话,一定毫无胜算。放弃正面较量的妻子们,开始试图解开"丈夫为什么要打我""他为什么要折磨我""他为什么要伤害我"的谜团。

像这样以破解谜团度日的情况,最惨的可能要花上二十年、三十年,甚至一辈子。

为了破解谜团,她们阅读心理学、精神医学方面艰涩难懂的专业书籍,为丈夫找出相匹配的病名,"啊,原来他是这个病"。

正如前面提到的,在妻子们给丈夫找到的病名中,最常见的就是"成人小孩"。所谓成人小孩,指的是那些承认自己的所有问题都源于原生家庭的人。这通常是一种自我认知。因此,如果妻子说自己是成人小孩还可以理解,但如果说她丈夫是成人小孩,可能就不对了。

为什么丈夫会做出那么残忍的事,甚至让人觉得他已经丧心病狂了呢?对了,住在长野县深山里的公公酗酒,好像还打过婆婆……妻子就这样开始调查丈夫的原生家庭，然后得出结论：丈夫是成人小孩，所以才会干出那些事。妻子恍然大悟，心想一定得带他去做心理咨询，于是出现在我们面前。

"人格障碍"的情况也有很多种。简单来说，就是与正常人相比有些奇怪的人。1980年以后，美国出现了各种与人格障碍有关的病名，当然日本的精神科医生也受到了影响。

如果把对方看作孩子或者病人，自己就会显得高他们一等。然后，只要想到"我终于明白了，谜底被揭晓了"，就会认为"只有我理解他"。（所以，"理解"和"拯救"都被扭曲了。）

因为暴力、赌博、外遇、酗酒等深受丈夫折磨的妻子们，确实受到了很大的伤害。但如果承认这一点，就会显得自己很惨，而且自尊心也不允许。"他因为生病才打我。""他搞外遇是一种病。"如果这么想，自己可能就不会那么受伤了。

"风俗场"的救赎

来我们中心接受心理咨询的人当中也有出卖身体的女性，那么，她们出卖自己的身体是出于什么原因呢？

"我从来没有被人夸过,哪怕是父母。但那些男人会过来跟我说'你好可爱',睡在一起时还会夸我'皮肤好好'。肌肤相亲的感觉让我觉得很温暖。"

她说她有男友,但依然缺爱,还时常会割腕自残。唯有在和那些男人做爱时才会得到短暂的、难以言喻的纾解与愉悦,那绝对不是性爱带来的快感。她也不像很多男人想的那样嗜欲,并且说做这些事也不是为了钱。

"我如果不收钱,男人会有压力,他们心里会不舒服。所以我才收下,然后再回馈他们。"

做爱对男性来说可能就是为了获得最终的快感,而女性则渴望在此之前抚摸带来的温度,以及可以听到没有听过的情话,她们更注重的是整个过程。

如果我们深入挖掘这个问题,会有怎样的发现呢?

从某种角度来说,风俗场所是男性的救赎地,同时滋养了一群自认为享有掌控权的女性,让她们产生类似"是我帮他达成的"(好像自己控制着这个男人一样)这种强烈的掌控感。或者说,她们看着眼前这个瞬间无力、像个孩子般的男人,仿佛自己成了救世的观世音菩萨。在这里,男女之间存在着一种复杂的支配与被支配的关系。来到这里的男性看似可以随心所欲,但实际上操控在别人手里;而在这里工作的女性貌似拥有主导权,实则深陷一个更大的支配结构中。

在这样一个非正常的世界里,男人们可以完美地体验到类似于父母和孩子、主人和奴隶之间那种支配与被支配关系的互换所带来的快感。他们通过花钱的方式往返于正常与非正常的世界。

走在东京新宿歌舞伎町灯火通明的霓虹街上,我突然觉得做男人真好,有那么多不同的世界可以去体验。而对于女性,充其量只有迪士尼乐园这个充满梦幻的世界。

无数女性在这里赚着普通打工人无法想象的高额时薪,这股气势让人自叹不如。

鄙视她们显然是不对的。毕竟这场支配与被支配的闹剧,是由手握经济大权的男人们一手促成的。这一点万万不可忘记。

接下来,我想顺便写一写在风俗行业工作的女性。

人们对发生过的很多事情似乎都已淡忘。例如,2001年9月歌舞伎町明星56大厦发生火灾,导致在一家风俗店工作的一群年轻女性丧命。

当时有人提议把风俗店说成为饮食店,甚至想要隐瞒男性死者的姓名。大部分人死于一氧化碳中毒,遗体并没有多大损伤,所以很快查明了死者身份。但真实姓名迟迟不公布,据说是为了顾及男性客人的面子,毕竟是死在"那种地方"。当听说是这个原因,我就很愤怒,忍不住大声质问媒体人:"如果是发生在大仓饭店的套房里,你们就会透露姓名了吧?"

是谁感到羞耻?因为什么羞耻?又是谁在为谁顾全面子、隐瞒事实?在这家风俗店里工作的女性大多来自外地,一个人住在公寓里,她们每天工作到深夜,然后独自回家。有些有男朋友。如今她们是死在工作的地方,有什么好羞耻的呢?

"母亲"的地位
「母」というポジション

拯救是"母性本能"

"他是个可怜人",被恋人或丈夫拳打脚踢也不离开的女性如此说;"我想救他",始终照顾酗酒丈夫的妻子们如此说。她们这种共同依赖的行为与"母性"意识有着很深的关系,我在前面已经提过。

有一档由几名年轻女性(普通人)和名人嘉宾共同参与的深夜综艺,主题是恋爱中的奇闻趣事。不久前,一名年轻女性竟然把自己被家暴的经历当作恋爱趣事来谈论,让我愕然。这位二十多岁的女性对暴力的看法未免太过老派,实在不像是发生在二十一世纪年轻女性身上的事。

据说她的男友有严重的暴力倾向。"盛饭!"话音刚落就挥拳打她。开门要打，做爱要打，玩"123看这边"也要打。玩游戏时她无论输赢都要挨打，如果再问"我明明赢了，为什么还要挨打"，立马又会被打。

她说这话时摄影棚内的同龄女性全都笑了。只有主持人表情阴沉地说："如果是节目需要就算了。不然别说有趣了，他根本就糟糕透顶了。"

更让人瞠目结舌的是那名女性的回答。她满面笑容地说："可是一被他打，我的母性本能就完全被激发了。"

现在说母性本能这种话是会被笑掉大牙的，至少在我们这个行业内。这个原本我以为已经过时的说法，年轻一辈却还深信不疑。什么情况啊？

在过去，女性的拯救行为被认为是由母性本能驱动的，经常会让人联想到观世音菩萨。"把男人当作孩子"是一个非常好用的借口，可以使男性对女性的伤害变得合情合理。从这位年轻女性的话语中，可以看出为什么会有那么多有利于男性的说辞。

话又说回来，这位年轻女性是在怎样的亲子关系中长大的，她父母的夫妻关系又是怎样的，通过挨打来实现自我价值这套逻辑又是怎么形成的，或许是来自她母亲的言传身教。

如果长期遭受肢体和言语上的暴力，身体和精神都会受到伤害，导致感觉迟钝和麻木。受害者有时会把这种麻木当成武器，以异于常人的活力展现在世人面前。另外，她们还会去支配比自己更弱的对象，从受害者变成加害者。这样的对象有时会是孩子，有时会是儿媳妇。典型的例子是，越是隐忍的女性对待儿媳妇越是严厉苛刻。

桥田电视剧为何大热？

这种"支配"并非显而易见，从表面上看容易与"爱"或"拯救"混为一谈。举个简单的例子，它类似于我反复提及的"母性"或母爱。对于一个妻子来说，被丈夫拳打脚踢或者遭丈夫背叛，意味着她的女性身份被否定。一边被丈夫说"我不想看到你这张脸"，一边挨打的妻子们，为了逃避这种悲惨境遇，只能牢牢守住"母亲"的位置。

当"女人"这个词沉没时，"母亲"这个词就横空出世。母亲就像菩萨一样永生不死，也像打不死的僵尸，无论怎样被拳打脚踢都能重新站起来。母亲是拯救者的最高境界，是男性最渴望且觉得对他们最好的人。所以一旦妻子达到母亲的高度，无论丈夫还是妻子都会沦陷其中。

我一直认为,日本男性对女性的要求很低,就和一个三四岁的小孩在沙坑里玩耍,弄脏手时对妈妈的要求差不多。"妈妈,手手脏了(要擦手)。""妈妈,小桶(拿过来)。""盛饭""洗澡"就是典型的例子。有时甚至不用说话,用手指或者下巴示意,这么一来完全就是幼儿的行为了。我不禁想到,能无条件满足他们所有幼儿式任性要求的,不就是被称作"母亲"的人吗?

而女性也会接受男性的那些要求,并通过让自己成为母亲来维系这种关系。这是一场胜负已决的比赛。而这样的夫妻就是世人眼中的"恩爱夫妻"。

在那种情况下,无论母性还是母亲,都必须带有一点点不幸的色彩,很少会有"幸福母亲"的形象出现。一位六十多岁的女性会对儿媳妇说,"结婚就是忍耐","忍耐是女人的修行"。当然这是发生在现代社会的故事。而母亲或母性给人的印象就是忍耐,仿佛女性的人生就是一座抗震性能卓越的建筑。

可是,这不是很奇怪吗?无论作为女性还是母亲,生而为人来到这个世界,不就是应该得到满足,充裕地度过一生吗?

可不可以得到尊重?可不可以不要挨打?可不可以被称赞"你很棒"?可不可以让女性的一生也充满这样的幸福感?然而,

很多人甚至不知道世界上还有这些美好。如果连知道都不知道,还怎么会有要求?

对女性而言,成为母亲这件事可以满足一种支配欲。连那些被叫作"年轻妈妈"的女性也会说:"我老公没有我,要怎么办啊。"如果她们把个人的不幸上升为母亲的不幸,通过成为母亲来支配丈夫,那么只有看着被自己支配的丈夫她们心里才会感到满足。

这种被满足的情感不能一概否定。可是我在这里想说的是:还有没有其他方式也能让人获得满足感呢?

一说到隐忍的妻子、隐忍的母亲,立马就会想到桥田寿贺子[1]的电视剧。我不知道她有着怎样的一生,但据媒体报道,她因为丈夫在外面有情人而痛苦不堪。后来丈夫生病,她全心全意地照顾,并且陪伴他走完了最后的人生。

据说她的电视剧作获得了很高的收视率,可能是因为大部分女性观众有着相似的人生吧。剧中人物演绎出来的人生让观众产生共情,"原来大家都是这样啊"。把不幸者同盟无限扩大,可能就是取得高收视率的秘诀。

---

1. 桥田寿贺子:日本著名小说家、剧作家,她的代表剧作有《阿信》《血疑》《冷暖人间》等。——译者注

与痛苦成正比的价值

不少女性会因为"活着就是为了丈夫和孩子"而感到自豪,她们的丈夫也愿意顺势奉承说:"老婆大人受累了。"从中可以看出,很多人认为作为母亲或妻子的价值是通过承受的痛苦来体现的,即受过的苦与自身价值成正比。这与日本经济高速增长阶段,用拼命工作来提高自身价值的工薪族十分相似。可一旦经济不景气,沦为裁员对象时,他们就会抱怨说:"我那么尽心尽力为公司,到头来还是被裁员了。"

自我牺牲能换来什么?当听到"为了你,我牺牲了一切"时,其实听者也很无奈。"为了你,妈妈拼命干活。""为了你,我才没有离婚。"这样的话不过是父母的一厢情愿。如果孩子回答"可我没让你这么做",完全没毛病!

一位五十多岁的女性说:"打小时候起,为了让我去才艺班,母亲每次都会说'都是为了你好'。这句话我已经听过无数遍。"后来她母亲生意越做越大,用女儿的名字存了一笔钱时也说,"都是为了你存的"。可是她一句"我现在没钱了",就把存折里的钱全都取出来给用了。后来手头宽裕才又把钱存回去,说的还是同样的话,"都是为了你存的"。

当然，这位女士从未动用过母亲"为了你"存的那笔钱，因为她几十年来都对"为了你"这句话深信不疑，虽然对母亲任意存取都是"为了你"也有疑惑，总觉得哪里怪怪的。直到有一次，这位女士二十五岁的女儿住院动手术需要用钱，她才第一次想要动用那笔钱。她的母亲却说："现在店里生意不太好，请你不要动那笔钱。"真是一语道破真相，让她明白了"都是为了你"的真正含义。

"我终于看清楚了我母亲。"她笑着告诉我这段经历。

拯救者之罪
救済者の罪

以"爱"与"家庭"的名义

H男士三十八岁,离异。前妻患有进食障碍,时常会割腕自残。H男士尽心尽力照顾妻子,但妻子在结婚第二年就提出了离婚。离婚后她又马上同别的男性生活在一起。即便如此,H男士依然每月给她寄生活费。

前妻也会把近况事无巨细地报告给H男士,例如,"这次我又有新男友了"等。体重不到四十公斤的前妻游走于新男友和同居男友之间,希望得到两方面的援助。而H男士也一如既往地竭尽全力按照她的要求去做。他没有再婚,也没有结交新女友。

"我是一定要保护她的。"H男士说。

"对于你的前妻,建议你可以放手了。"我们劝他。

"那不行。真正能理解她的就只有我,正因如此我才同意离的婚。她现在的男朋友做得也不错,但只有我会这样守护她。"

H男士甚至说:"如果我不管她,她就活不了了。"前妻的同居男友不在家时,H男士会去公寓探望,并用勺子给瘦弱的前妻喂饭。

那我们要如何看待这种情况呢?难道是因为H男士用情至深吗?可能一般人都会这么想。但在我看来,这是一种非正常的行为。

这就像养宠物,一味地投喂会让它们长胖、运动不足,导致它们的大脑不断退化,使它们逐渐丧失生存能力。

H男士的行为看起来亦是如此。他的前妻明明需要第三方专业人士的帮助,但她每天只是周旋于H男士、同居男友以及后来的新男友之间,而不去找专家。这样一来,她独立生活的能力就会逐渐退化。

宠物与主人的关系看似是双向的,但那么多人养宠物不就是因为它们无法说"不"吗?这其实根本就是一种单方面的行为。能够全盘接受主人的给予,才是养宠物的本质。我对H男士也有类似的感觉,实在叫人很不舒服。

打着"为你好"的名义进行拯救,有时候不过是一厢情愿,其可怕之处在于会让对方逐渐丧失各种能力。

男女之间、亲子之间的支配关系亦是如此，同样无法从表象看清其本质。就如同一座大楼，从外观无法看出它的内部结构。只有在它遭遇灾害或恐怖袭击时，才能从被破坏的外壁看到里面的"钢筋铁骨"。人与人之间的支配关系亦是如此。丈夫对妻子，或父母对孩子的支配，全都被"家庭""爱"这样的词汇裹挟。

企业中也存在相同情况。有种说法叫作"企业家族主义"。日本企业靠着"公司来照顾你"这种类似家族从属的关系得以生存。就算裁员也要流着眼泪执行，"实在是，实在是走投无路了才裁员的"。

每当企业破产或企业违法行为暴露时，总会看到几个被逼入绝境的男人在那里痛哭流涕。要问他们为什么哭，一定不是因为心里难过。大多数情况下，他们表现出来的是一种大义凛然的牺牲者的姿态。何谓大义？对上忠心耿耿，对下则独自揽下所有责任，"与别人无关，都是我一个人的错"。也就是说，"作为企业的一家之长，我来负这个责任，如同孩子一样的员工没有任何过错"。他们在这种类似亲子关系的模式中履行职责，然后流下欣慰的眼泪。这些眼泪是自我满足与陶醉。"看，为了大义而牺牲的我多了不起啊！"

我们在电视上也看到过很多政治家流泪的样子，都是老套的自我陶醉。自民党爆发史称"加藤之乱"的内讧时，甚至可以看到某位政客哭着大喊"大将"，我也是惊呆了。

顺便说一下，在我看来，"阴柔"意味着"果敢"，"阳刚"则意味着"自我陶醉"。

这样的支配关系普遍存在于日本的每一个角落。正因为普遍存在，才成了一种既定关系。然而，如果把这种关系再加上"爱""母性""家庭"的名义，就太让人绝望了，看不到希望，也不再有梦想。所以，虽然我们已经隐约对此有所觉察，还是要视而不见，与它挥手道别。

为什么要容忍到这个地步

说起来可能让人难以置信，很多妻子对丈夫的专横与自私的容忍简直到了毫无底线。

有一位丈夫把公司里的年轻女同事带回家，吩咐妻子"把酒拿出来，再去做几个下酒菜"。自己倒和女同事喝起酒来。一旁的妻子则像服务员一样给他们上酒上菜，对于他俩的行为视而不见。

尽管妻子心里也会嘀咕"这算什么事啊",但最后还是以"这也是丈夫工作的一部分"为由说服了自己。

类似的例子在我们中心数不胜数。这样的事情一再发生,妻子越来越疑惑,渐渐分不清丈夫的行为哪些才是工作所需。结果,她们一直被丈夫那句"这也是工作的一部分"欺骗。

自私的丈夫有一个共同点,就是他们对外会把妻子捧得很高。

"我老婆包容了我所有的任性,我在她面前是抬不起头的。"

"我就是个任性的孩子,如果对方不能像我妈那样包容我的全部,我们是没办法生活在一起的。所以我才娶了她(有时候会说'那家伙')。"

每个男人抬高妻子的方式大同小异,但很少有丈夫会说"我妻子工作很出色"或者"我妻子很有才"。偶尔会有比较奇葩的丈夫这样夸赞妻子,但很像在吹嘘说"我老婆是个女权主义者"。

很多男性在妻子离世时会对周围的人说:"她包容了我所有的不是,是一位了不起的妻子。"每次听到这种话,我都会很愤怒。妻子死在丈夫前头,一部分原因很可能就是承受了巨大的压力,而压力来自男人出轨等一切自私的行为。把一个埋在地下、无法开口的人捧上天,以此来美化你们的夫妻关系,听起来不更像是在为自己辩护吗?

与其说我是对这种男人感到气愤,不如说是对允许他们这样逍遥脱罪的主流观念感到愤怒。

"男人永远是孩子。"

把这句话当成至理名言来听的妻子们,深信包容丈夫的一切才是对他的爱,隐忍着度过了几十年的婚姻生活。

被剥夺生存能力的人

"我要是个男人就好了,这辈子做女人吃亏了。"哪怕到了现在的年纪,有那么几个瞬间我也会这么想。每次听到"男人永远是孩子"这种话,我就想,如果可以按照这个逻辑来活的话,我也想做个男人。

有一部叫作《全身小说家》的纪录片,导演是执导过《前进,神军!》的原一男。该片近距离追踪了日本小说家井上光晴最后几年的生活。

在纪录片中我们看到,井上光晴周围朋友的证言显示,他之前所说的一切皆是谎言。他一边过着自己想要呈现的生活,一边创办文学讲习所,吸引了众多的文学爱好者,其中有很多女性是被他的个人魅力吸引。当然井上是有妻子的。他妻子曾经立志成为一名作家,是个大美人,但身上散发着一种极为隐忍的气质。

井上光晴邀请很多人(当然包括爱慕他的女性)来自己家里喝酒,而妻子就在厨房默默准备下酒菜。再多这样的场景也不会给井上光晴减分,只是,我对他妻子的悲哀感同身受。

井上后来得了癌症,最终在妻子的照料下离开人世。

大家对这部纪录片的评价似乎很高,但我觉得这样的故事很可怕。一辈子随心所欲的丈夫明明伤害了妻子,可妻子在丈夫临终前还说:"你的身边只有我。"我想说,到底是谁允许你这么自私的呢!

有人把这种男女关系描述为"绝对关系"。妻子对此可能感到满足,但是为了最后的陪伴有必要赔上几十年的岁月吗?这真的是非忍不可的吗?

而另一方面,这样的男性就一定幸福吗?也未必。拯救一个不想被拯救的人,对于被拯救的人来说真的是好事吗?

男人被女人拯救的同时也被剥夺了生存能力。而被剥夺了工作能力的"全职主妇",似乎也想以相同的方式从丈夫那里夺回些什么。于是,失去赚钱能力的妻子剥夺了丈夫的生存能力,使其最终也变成无法独立生活的人。

在那些为了实现男女捆绑共生、共同依赖而尽可能制定制度的人眼里,也许那才是夫妻该有的模样吧。

丈夫有外遇致使妻子受到伤害,可妻子反过来还要拯救他,也就是受害者要拯救加害者。这意味着作为加害者的男人不需要再为自己的行为负责。对他来讲,这不也是很不幸的吗?

生而为人,有些事情必须忍受。但类似外遇或暴力这些,明摆着是对方恣意妄为,我们为什么非忍不可?

更何况如果身边还有孩子,他们每天目睹这些,长大后会怎样?成为下一个牺牲者吗?

看起来是孩子的问题

很多时候,夫妻间"拯救与被拯救"的关系,或者共同依赖的关系,容易导致孩子有进食障碍、不愿意上学以及受到虐待等。如果可以调查统计的话,数量应该相当惊人。正如前面提到的,很多来咨询孩子问题的来访者,真正困扰她们的其实是被丈夫家暴或丈夫酗酒的问题。

最常见的例子就是，母亲开始是为了女儿的问题来做心理咨询，通过参加小组咨询、读书等方式，她自身有了改变。然后她开始跟我们说："问题好像不是出在孩子身上。"

I女士有一个十五岁的女儿正在进行精神治疗，她反复服用大量药物，有时还割腕自残，几乎夜不归宿，经常在不同男子的家里借宿。她拒绝上高中，但一直在坚持打工，梦想是"有朝一日能去美国"。

关于女儿的情况，I女士只告诉了丈夫一半，手腕上的伤就没说。I女士的家在当地颇有名望，她是家里的独生女，丈夫则是赘婿。为了给丈夫争面子，I女士始终很低调，甘愿做丈夫背后的女人。这也是父母严厉要求她做的。

相对地，丈夫从来不赞同I女士的任何观点。当女儿拒绝念高中时，I女士问丈夫需要替女儿做些什么，他立马回答说："女孩子中学毕业就可以了。""当真念到初中就行了吗？""怎么不行？"可一听到女儿说"爸爸我想去美国，看看有什么高中可以念"，他没有跟I女士商量，就自己给了女儿五十万日元[1]。去看精神科也一样，妻子提议一起去见见主治医生，丈夫却坚持说没

---

1. 根据2022年7月7日日元与人民币的汇率，1日元约合0.049人民币。

必要。得知女儿服用过量药物时,却又责怪母亲监督不严。

类似的情况时有发生。但只要察觉 I 女士心生不快,那位丈夫便会撒娇说"妈妈,我饿了","果然还是妈妈做的饭最棒"。

I 女士对丈夫这种打一巴掌给颗糖的态度心存怒气,但始终无法发作。经过心理咨询,她才意识到女儿的问题可能也是这种夫妻关系导致的。在来我们中心之前,她一直以为他们夫妻"感情很好",是别人口中"令人羡慕的夫妻"。

孩子眼中的"被伤害的母亲"

孩子是如何看待被父亲(丈夫)伤害的母亲(妻子)的呢?他们会直截了当地说:"她是被伤害的人。"父亲如何伤害母亲,身边的孩子是看得最清楚的。这样的孩子一般都十分讨厌父亲,而对于始终不离不弃的母亲也是同样厌恶。她们越是想要拯救丈夫,越会让孩子成为牺牲品。

让孩子亲眼见到自己的父亲殴打母亲,本身就是父母对孩子的虐待。因此,对妻子使用暴力的丈夫,首先是家暴的施暴者,其次是孩子的虐待者,他犯下的是双重罪过。而妻子,一直让孩子看到自己挨打的样子，对孩子来说她同样是加害者。

但需要注意的是，这也是家暴问题中的一个陷阱。虽然我经常被邀请去做关于家暴的讲座，但极少单独讲家暴（单独讲家暴的讲座通常由女权主义团体主办）。大多是以"家暴等于虐待儿童"为切入点，主题会类似"爸爸，不要打妈妈"。

如果不追究家暴丈夫的双重加害问题，而只关注"家暴与虐待的关联性""可怜的是孩子""救救孩子"等方面，"拯救妻子"的问题就将被搁浅，丈夫对妻子的加害会不了了之。另外，如果只是强调作为妻子的女性自身所具有的"母性"特质，就会掩盖夫妻间、男女间明显存在的支配与被支配关系。我认为，不仅要强调家暴与虐待的关联性，更要记得支持作为家暴受害者的妻子（母亲）——这比什么都重要。

第四章 女人的人生很潇洒

离婚的人和不能离婚的人
離婚するひと、離婚できないひと

宠物是"不分手的理由"?

迄今为止,在众多因为婚姻问题来我们中心寻求帮助的女性当中,只有两位是因为我们一句"或许还是分开好"的建议而决定离婚的。不,或许我应该说还是有两位。她们听了我们的建议,意识到"原来还有离婚这个选项",便一路朝那个方向奔赴。

她们并没有强大的经济后盾,只不过对她们来说,没有钱不构成离婚的障碍。其中一人还表示不介意合宿,然后就离婚了。

相对地,不离婚的人会给出各种理由。她们给出的理由常常让我很惊讶。大多数情况还是"因为没有收入而无法离开家"。不过,让人诧异的是宠物也能成为不离婚的理由,原话是"家里有宠物,我没法儿走"。

她们确实想要离开,但内心更大的担忧迫使她们无法离开。孩子往往会成为她们最好的借口:"为了孩子我不能离婚。"然而,孩子上了初中就会说:"妈妈,不要再拿我当借口了。"这样她们才拿无法开口的宠物当作不离婚的理由吧。

受缚于"对丈夫的期待"

话说还有这样一类女性。

我曾经做过一个以"共同依赖"为主题的电视专访。四十八岁的J女士,第一次从电视上知道"共同依赖"这个说法,于是来到我们中心。

最初,J女士的丈夫只是经常换工作,但十年前辞去最后一份工作后就再没有固定的工作了。他总是干三个月就辞职,领取失业保险,或接受培训后再就业,如此反复。在此期间,J女士每天在公司工作到晚上八点,先后把三个孩子都送入了大学。据说,她每月到手的工资有二十万日元。

有一次,J女士下班回家后看见丈夫正在看电视,那是一档救援队的节目。她看到丈夫边看电视边流泪说:"能救人可真好啊。"见他这个样子J女士就火了,回到自己的房间喃喃自语:"不能再这样下去了。"她说,她当时满脑子都是"你怎么不先来救救我呢"。

她无法下定决心与丈夫分手,所以才来到我们中心咨询。

J女士希望我给她布置下次咨询前的作业,这不是我的一贯作风,但在她的一再要求下,我给她出了一题——你理想中的丈夫是怎样的。她之后给出的答案是:有固定工作,有理想,能对自己说的话负责,等等。这些要求正是她丈夫缺乏的,也是她对丈夫抱有的期待。当听到我说"你对他还有期待"时,J女士问道:"这些就是我对他的期待吗?"

"是的。我想只要还有期待,你就没办法离开。"

J女士似乎被我的话打击到了。我说:"当你不再怀有期待时,你们或许就能分开,否则还是会以'共同依赖'的方式生活在一起。"她回答:"可我们不是共同依赖的关系。"

我认为,J女士的问题在于她被自己对丈夫的期待束缚了。

J女士的丈夫既没有施暴,也不酗酒,充其量是个没有家庭观念的男人。他没有出人头地的野心,也不受人情世故的约束,虽然无权无势,但也没有差到哪里去。束缚J女士的是"男人必须养活妻子""男人必须让女人幸福""男人必须守护女人"这样的传统观念。

J女士的父亲是一位具有匠人气质的传统男性,一辈子勤勤恳恳、不辞辛劳,她在这样的父亲身边长大。生活的苦难告诉她只要和大公司的工薪族结婚,就能过上稳定安乐的生活。她如愿结了婚,谁料丈夫却辞去朝九晚五的工作,这是最让她失望的地方。

"那你们只能先缓缓。"我说。

"可我想有个了断。"J女士没有让步。

好在J女士的女儿已经长大,从一所一流大学毕业后,如愿以偿地进入了一家大公司。

"现在这种世道,能顺利就业真是太好了。"

"我也没什么后顾之忧了。不过我自己有收入,不想依靠孩子。"

她都考虑到这份儿上了,还犹豫什么呢?在之后的交流中,J女士透露:

"丈夫老家在九州,是农民。如果我和他离婚,他就会回老家,搞得好像我被他抛弃了。我不想让别人有这样的感觉。便宜都被他占了,我倒成了弃妇。所以我们可能没办法离婚。"

结果就是婚没有离成,恐怕她现在依然和丈夫生活在一起。她给我的感觉是,一边口口声声要分手,一边又在不停地寻找不能离婚的理由。J女士为什么会有这样的行为呢？

离开丈夫会被世人认为自己遭到了抛弃。J女士最害怕的就是被抛弃，因此只能选择不离婚。

还有一个原因，但也许只是我的猜测。婚姻作为一种制度，其好处在于可以通过男性来体现女性存在的唯一价值。这对J女士来说意义重大，哪怕是一个没有工作的"丈夫"。

只要丈夫不主动提出"分手"，就等于肯定了J女士作为妻子的不可替代性。这种肯定哪怕不是出于丈夫之口，只要婚姻存在，婚姻制度就会对此做出保证。因此没有任何理由迫使J女士做出离婚的决定。

如果仔细观察就会发现，这类女性会用超市打折食材煮着什锦火锅等待下班回来的丈夫，也会把厕所刷得干净发亮。我甚至可以想象出J女士看着身旁的丈夫，一边用筷子翻夹食物，一边叹气的样子。

分手后变漂亮的女性

从想分手到正式分手是一个痛苦的过程，但最终选择放手的女性都变漂亮了。那是一场属于自己的华丽转变。

那些因为丈夫家暴或出轨而深受折磨的女性会参加小组咨询。有些组员经过一段时间终于走出婚姻，再次回来时全体组员都能感受到她们的变化。这会像推倒将棋[1]那样，"我也要离婚""还有我""我也是"等形成连锁反应。在男性看来，这可能很恐怖吧。

K女士的丈夫是新闻记者，因为酗酒经常会殴打老婆和孩子。受尽苦难的K女士刚来我们中心时脸色很差，头发也乱糟糟的，一看就知道正经历不幸。

时隔三年，我在一次演讲现场再次与她相逢。"老师，好久不见。"我一开始想不起来她是谁。她面色红润，神采飞扬，穿着套装，脚上踩着七厘米的高跟鞋，完全变了一个人似的。

"是我呀老师，K。"

"啊，是K哦，真是好久不见了。后来你怎么样了？"

"后来，幸好我丈夫，"说到这里，K女士突然压低嗓音，"其实我不该这么说，不过他从二楼阳台摔下去死了。"

当时K女士正打算离婚，就先找了份每天出门的工作，而丈夫因为酗酒停职在家。一次在她出门期间，原本想去二楼阳台

---

1. 将棋：日本棋类游戏的一种，类似中国象棋。

晾衣服的丈夫，因酒后失足从阳台翻落，头撞在院子里的石头上，死了。

"阳台上的栏杆已经很旧了，没办法受力，靠上去就会断。"

K女士说话的时候两眼放着光。

她告诉我，丈夫虽然停职在家，但毕竟是大公司的职员，事发后很多人送来了慰问金。

"你现在还好吗？"

"嗯，我挺好的。"

"有再婚的打算吗？"

"怎么可能，我已经不需要男人了，绝对不要。"

对K女士来说，像现在这样有钱又没有丈夫的生活正是理想中的状态。她努力工作，有时会跟差不多同一时期离婚的闺蜜们一起去泡温泉，还把与自己有过相同遭遇的姐妹组织起来抱团取暖，生活过得有滋有味。

女性即便离了婚，只要有工作有追求，心灵有归属，一样能好好生活。那个归属未必是男人。

与K女士的这次相遇给我最大的收获是，我知道这个世界上还有很多像她一样重获幸福的女性。不然，另一些人就会觉得"大家看起来都很幸福，而我，离婚后连娘家也不能回，一个人孤苦伶仃"。

我们能否找到一种崭新的生活方式，不再受夫妻和孩子因为爱而捆绑在一起的近代家庭模式的束缚，而是拥有超越"家庭"的朋友。这可能就是选择离婚的人与不离婚的人之间存在的分歧点吧。

被妻子提出离婚而分手的丈夫（家暴加害者），将迎来怎样的人生呢？以下是三种常见的情况，仅供参考。

①成为尾随前妻的跟踪狂。

②再找一个很像前妻的女人一起生活。

③自生自灭。

第一种情况也有可能发展为杀人案件。如前所述，近年来，类似的事件被多次报道。

第二种情况是字面意思。不知出于什么原因，他们确实会找与前妻相同类型的女性，然后再次家暴。这些人的嗅觉真是灵敏到让人讶异。

第三种情况指的是酒精过量导致死亡，可以参考本书前面提到的例子。遇到这种情况，丈夫周围的人往往会指责妻子"都怪你不在身边照顾他""是你害死他的"。只要看过相关事例，你就会明白。

被妻子抛弃的男人只有少数会对婚姻绝望，大部分人很快会找到下一个女人，而且是和前妻差不多的女性。有些女性认定丈夫没有自己就活不下去，但在她们下定决心离婚后的三个月丈夫就再婚了。她们断言丈夫的现任妻子也会像从前的自己那样被打。

离了婚的女性都表示"只煮自己吃的就够了"，"想看电视就看，想睡觉就睡"，这样的日子最幸福。如果不是一年到头每天都干着无休止的家务，你可能没办法理解她们对自由的向往。也许有人会认为这些事无关紧要且微不足道，但在家庭主妇的日常生活中，连这些微不足道的事都成了一种奢望。

正如我反复强调的那样，妻子们害怕被排除在婚姻制度（在这种制度下，丈夫决定妻子是否拥有不可替代的价值）之外，那近似于一种失去归属感的恐惧。

K女士与有着相同经历的女性结为伙伴，从而产生一种新的归属感。虽然失去主流社会的认同，属于少数派存在，但她们现在的生活比继续做妻子要舒适得多。

而对于男人而言，妻子的离去可能让他们体会到丧失男子气概以及被男性世界抛弃的恐惧感。这种恐惧有时会变成对前妻的怨恨，有时甚至会发展到凶残杀人的地步。对于这样的演变过程，目前我还无法给出判断。希望这会成为我今后努力的方向。

受到伤害的不是心，而是人生
傷つくのは心ではなく人生

想要拯救别人的人是受伤的人

想要救别人的人首先是自己受到了伤害，比如孩子出了问题。家里小孩一直很乖，成绩也好，突然某天开始就不去上学了，甚至还对父母动手。这时候父母会很受伤，他们会想尽一切办法拯救孩子，解决孩子的问题。

不仅是孩子，被丈夫殴打的妻子以及被孩子殴打的父亲都深受伤害。痛苦一旦达到一定程度，人可能就会选择逃避，不承认自己正在受到伤害，于是开始形成共同依赖的相互关系。

我们这里所说的受伤不是伤到了"心"，与心理创伤无关（这是我想强调的）。受到伤害的是那个人的人生，关乎一个人的尊严。

很遗憾的是，受过伤的记忆不会轻易消失。光凭这一点，有过受害记忆的人就要比没有的人日子过得更艰难。

这样的人生确实不公平，那是不是就没有希望了呢？有一点很重要，你要知道很多人有类似你这样的经历。所以如果能找到有相同境遇的同伴，大家就能相互扶持着走向明天。

听到我的建议，不少人沮丧地说："我去找朋友聊了，可他们说这种事我也有责任。"但我想说的是，这样的人可能算不上朋友。

作为心理咨询师，我们该做的就是成为这些女性的第一个朋友。

信奉浪漫主义爱情观而走进婚姻的人，正是因为深信这一点才尝到了背叛的痛苦，并长期忍受折磨。我们首先要承认这一点，不然无法继续下面的话题。

"太辛苦了，无论是作为妻子还是母亲你都已经尽力了。不过今后要不要考虑一下不一样的生活方式呢？之前不能是因为缺乏相关知识，甚至连想也没想到。现在你来到这里，不是也想和过去的人生挥手告别吗？"

听到这番话，大家都表示同意。

其中也有人表示："我的人生就算了，只要能救救孩子就行。"可是拯救者的自我牺牲能换来什么呢？我已经写过很多次了。如果止步于此，可能会变成最糟糕的情况。

如果和这样的女性继续交谈下去，你就会明白。

"你继续现在的生活，对孩子也于事无补。"

"是哦，那为了我的女儿我也要有所改变。"

"可是要如何与一个在家里挥舞日本刀的人一起生活呢？你每天是怎么过的？"

"也没什么大不了的，习惯就好了。"

"是哦，太厉害了。有什么能习以为常的窍门吗？另外，迄今为止，你有过多少次想要离婚的念头呢？"

"多少根手指头也数不过来。"

心理咨询就是从这样的对话开始的。接下来很长一段时间要对她们的人生和尊严进行修复，而这仅仅是开始。

提倡受害者意识

挨打也不离开的妻子，想要拯救酗酒丈夫的妻子……不应该把这些遭受严重痛苦的女性称作"共同依赖症患者"。因为一且这么说，就等于承认问题只在女性身上。既然她们是受害者，那就显然还有加害者。如果不提加害者，也就是男人的问题，就什么也解决不了。女性之间的恶意我们已经受够了。

如果作为男人的问题来讨论，那妻子一方必须要有受害者意识。没有受害者就没有加害者，只有先明确受害者，才能追究加害者的责任。

因此，首先建议大家要有受害者意识。正如前面写到的，承认自己是受害者、承认自己受到伤害并不容易，而且是非常痛苦的。所以很多人会试图回避，她们会转过身去对丈夫说"你这个小麻烦"，"这不行哦"。她们认为丈夫可怜，耐不住寂寞，是个尚未成熟的男人，所以他做再过分的事自己也要原谅。

为了拯救加害者而选择原谅，因为原谅能提升自我价值，这种修复受害经历的方式折射出了受虐的特性。我认为自己背负着一种想要打破这种思维模式的使命。很大程度上，这也是我写作本书的任务所在。

我想说，这真的很过分。为什么要原谅和拯救那些背叛家庭、殴打妻子、伤害别人的加害者呢？我承认加害者也是受害者，但这就能成为他们伤害别人，然后若无其事的理由吗？况且，我们不要忘记那些碰巧出生在这类家庭中的孩子，他们也是牺牲品。

承认自己是受害者这条人生道路一定不好走,还会非常痛苦。但在悲剧与痛苦中有时也会发掘出人性的高尚,我就见过很多这样的人。

有一个人,从小就被父亲打,又是母亲口中"奇怪的孩子"。几十年来,他一直为此深受煎熬,一辈子都觉得自己哪里不正常。

知道"成人小孩"这个说法后,他意识到一个简单的道理:"奇怪的孩子"只是父母对他的定义,而不是他对自己的定义。长大成人后,他依然活在深植于内心的父母的话语和定义之中。我们把这种来自父母的定义称为"内在父母"。如何摆脱"内在父母"对自己的支配,是"成人小孩"面临的一大挑战。

像这样彻底执着于内心的不相容与痛点是多么了不起,对一个人来说,又是多么高尚。所以希望大家赶紧打住,不要再纠结与烦恼,不要再继续扮演拯救者的角色。

近代家庭的牺牲者们
近代家族の犠牲者たち

没有悬念的终点

人为什么会想要拯救别人?对于从事心理咨询工作的我来说,这是一个很大的命题。想要拯救别人果真只是个人问题吗?事实上,这可能是因为社会主流观点认定拯救行为是好事、善事。并且,在由谁来实施拯救这个问题上,社会对女性寄予的希望往往高于男性。看到妻子想要拯救酗酒或家暴的丈夫,有人会说果然是女人,这是女人的天性。但这真的只是女性的问题吗?

女性带着对一夫一妻制度下浪漫主义爱情的深刻信念结婚、生子。而现实中,她们每天都在受到伤害,遭背叛,被家暴,即使把目光投向家庭以外,也找不到容身之处,甚至连娘家也回不了。这些女性只能以妻子的身份继续活下去。一旦发现连妻子的地位也岌岌可危,她们就只能紧紧抓住"拯救丈夫"的角色,甚至想通过控制孩子好让自己活下去。或者她们会像孩子一样放弃抵抗,对发生的一切都忍气吞声,隐忍过活,直至患上精神疾病,甚至产生厌世的念头。

我深切感到,女人的一辈子没多少人生目标,就算有,也渺小得可怜,就像一场"弹球盘"游戏。

以前在温泉街经常看到这种日式游戏。它就像低阶版的柏青哥[1],有一个里高外低的倾斜台面,弹球会顺着斜坡面一路滚落。弹球比柏青哥的小钢珠大一些,一旦被发射出去,就会来回碰撞盘面上的障碍柱,直到最后落入最底下的洞槽。弹球在途中落入任何一个洞中都能得分,但大多数情况下,弹球只是来回撞击一番,直接落入最底下的洞内,最后一分也得不到。

是的,女人的一生不是柏青哥而是弹球盘。柏青哥的小钢珠走向非常多样,有很多中小奖的机会,时不时还会中个大奖,甚至让你赢个几万日元。比起柏青哥来,弹球盘的游戏沉闷多了,只有发射弹球的那一刻挺有气势,但经过来回撞击后,总会朝着既定方向落入那个一分也捞不着的洞里。那个洞里写着"育

---

1. 柏青哥:日本的一种弹珠赌博游戏机。

儿""看护"和"忍耐"等字眼。

当弹球"砰"的一声被弹出去时,看似有很多可能性在等着你:职业女性、海外生活、钢琴家、设计师、糕点师、编辑……但在人生的不同时刻遭遇过几次失败后,就会被引入一条既定路线,九成以上的可能性会落入那个毫无悬念的洞里。如果运气好些,也可能会落到其他洞里,但概率极小。

在二十一世纪这个时代

每每看到来我们中心咨询的女性,我就会产生一种穿越时空回到过去的错觉,仿佛现在并不是二十一世纪。有的人出生在地方小城市,结婚后第一次来到东京。有一个生活在东京杉并区的家庭主妇感慨:"已经十几年没有白天出过门了。"如今,就在东京,还是有很多女性迫不得已过着如桥田电视剧里那般惊人的生活。

L女士的丈夫以前务农,在市中心拥有大片土地,后来开了便利店,现在靠出租公寓收租为生。照理说经济上应该很富裕,但L女士身子瘦弱,头发枯黄,穿着一件薄薄的雪纺连衣裙。记得当时是秋天，因为静电，那件连衣裙完全贴在L女士单薄的身体上。

L女士因为儿子的问题来我们中心咨询，她儿子因为惯偷内衣被捕。她怀疑儿子患有某方面的依赖症，所以通过公共机构介绍来到我们中心。

L女士之所以会嫁给那个丈夫，完全是因为她父亲。L女士的父亲曾经是当地的销售员，一次被问到家里有没有好姑娘，他立马就定下了这门亲事。因为他认为，女儿如果能嫁入拥有那么多地产的富裕人家，将会一辈子幸福。

可结婚后等待她的却是地狱般的生活。没有一餐像样的饭菜不说，除了年中年末，平时还不允许回娘家。忍无可忍的L女士企图逃离，却被发现，因此受到了更为恶劣的对待。婆家把她锁在房间里，还切断了电源和电话线。据说，当时她怀孕七个月，又正逢隆冬，冷到不行，整晚都只能在寒冷与恐惧中颤抖。比起肚子里的孩子，她更担心自己是否会被杀害。

当时她怀的正是这个惯偷内衣的儿子。令人诧异的是，这种事竟然发生在二十世纪八十年代。她结婚二十多年，虽然住在市中心，但几乎不出门，家附近就有电影院，她却一次也没去过。

午间连续剧、女性杂志、电视综艺等充斥着"身为母亲""作为媳妇"等信息,媒体也一直在给我们灌输"婚姻是女人最大的幸福"这种观念。如果不是这些舆论导向,很难想象在二十一世纪的大城市居然还会有那样的女性存在。

被灌输的"近代家庭该有的样子"

到我们中心咨询的来访者大致分为两类:为自己咨询的和为别人(家人居多)咨询的。后者又可以细分为以下三种情况。

说"孩子有问题"的人,因为孩子"异于常人"而苦恼。关键词是"正常"或"健全"。他们来咨询是为了能尽早脱离不幸,回归正常生活。

说"配偶有问题"的人,苦于形同虚设的一夫一妻制度。大部分人是来控诉丈夫有外遇的。

说"和父母的关系有问题"的人,不确定父母对自己的行为是否已构成虐待。他们不知道是一再否定孩子的父母有问题,还是对父母感到愤怒的孩子有问题。

所有这些情况都偏离了近代家庭该有的样子。在这一点上,可以说他们是近代家庭形象的牺牲者,他们会想:"为什么我们不是正常家庭呢?"想要找出原因,回归正常家庭,是他们来这里接受心理咨询的目的。

近代家庭否认家长制是封建社会的遗留制度。明治维新以后,日本开始向西方学习,在现代化过程中形成了家长制家庭,也被称为"近代家庭"。

我读过上野千鹤子的《近代家庭的形成和终结》(岩波书店出版),看到她的话才茅塞顿开,"原来家庭不是从古至今就是那样的,而是明治维新以后形成的"。只要知道家庭并非万古不易而是历史造就的,就会改变你对普通家庭的看法,至少这是我的经验之谈。

那么,大多数人心中理想的普通家庭又是什么样的呢?

有男有女,承诺相爱一辈子,危难时刻相互扶持,白头偕老……在这样的幻想中男女交换戒指组建家庭,然后男欢女爱,和谐幸福,再到怀孕生子。丈夫低着头把耳朵贴到妻子的肚子上兴奋地说:"啊,动了动了,孩子正踢我呢。"一脸幸福和满足的妻子说:"是吗?不知道是男孩还是女孩。取个什么名字呢?"

丈夫全程陪同妻子在拉玛泽减痛分娩法[1]下进行分娩。在两

---

1. 拉玛泽减痛分娩法:法国产科医生拉玛泽(Lamaze)博士于1952年研究发明的一种非药物减痛分娩法,通过心理预防与呼吸控制等方式帮助孕妇减少分娩过程中的疼痛。

个人的共同努力下，妻子终于产下了他们的爱情结晶。"孩子像你，好可爱啊。""我要好好工作，孩子还等着我早点回家呢。"直到有一天，当打开玄关门说"爸爸回来喽"的时候，孩子蠕动着胖胖的身体慢慢朝自己爬过来。再之后就是幼儿园和小学运动会上，父母拿着摄像机一路跟拍，不想错过孩子的每分每秒。

终于，孩子长大成人带来了另一半。"爸妈，我有女朋友了。""真是个好孩子。你们如此相爱，就结婚吧，我们就可以享受自己的二人世界了。"用退休金乘坐豪华游轮绕地球半周，一边看夕阳一边感叹说："啊，我们这一生也算圆满，相亲相爱了一辈子……"

这些都是媒体灌输并深植于人们头脑的"近代家庭该有的样子"。

前来咨询的人们之所以深感痛苦，是因为他们的生活偏离了理想中的模样。所以，大部分来访者诉说的内容出奇地相似。

虽然自己的生活偏离了理想状态，但总觉得理想是真实存在的。因此走在街上，看到别人的家庭全都是美满幸福的，唯有自己家不正常。而事实上根本就不存在媒体宣传的理想家庭，这本书里出现的各种家庭才是现实中真实存在的样子。

我想不幸的家庭都是相似的。那么到底何为不幸呢？如果

"幸福"被定义成千篇一律的模样,那与之偏离的"不幸"当然也是相似的。

在这样一个世道,谁也没有宏大的人生目标。我们不可能成为比尔·盖茨、宓多里[1]或是滨崎步[2],所以只能建立家庭、生儿育女,细细品味着属于你我的小确幸,在不挨饿的情况下走完这一生。这样一来,什么是人生和家庭该有的样子,如果标准越来越统一,那么与之偏离的家庭所处的不安也将变得越来越相似。

大家首先应该知道,偏离理想状态的不是只有我们。只有认为自己是"少数人"的时候,人才会感到恐惧。

家庭形象的多样化在少女漫画中得到了最好的体现。里面有耽美[3]、百合[4]和不伦之恋,甚至还有"妈妈的恋人是女人","爸爸的新男友是我男朋友"这样直接的描写。正因为绝大多数少女漫画家是女性,正因为被单一的家庭形象束缚,她们才能描绘出那样离经叛道的家庭形象。

与之相对的是少男漫画的刻板无趣。再离经叛道的男人也

---

1. 宓多里:日本知名小提琴家。——译者注
2. 滨崎步:日本知名女艺人。——译者注
3. 耽美:原指唯美主义,日本文学的一个流派,后来发展成日本漫画的一个派别,主要表现男同性恋者之间的爱情。
4. 百合:指女同性恋者,后来也成为日本漫画的一个派别。

逃不开当今社会的主流价值观,他们不得不成为这种价值观的执行者。

当然,对于那些生活在近代家庭不可动摇的主流思想下的人来说,现实世界就如同桥田电视剧里描写的那样真实。

然而,从历史角度出发,"近代家庭该有的样子"是某一时刻被人为制造出来的,那自然就有它的生命周期。因此我无法从少男漫画或桥田电视剧中感到丝毫的真实。如果只是将它们当作搞笑作品或模仿秀来看,或许还能博我一笑。

"变成欧巴桑"的意思……

"男人都是这副德行。"

"世界就是这样。"

"世人是不允许的。"

"不是这样的,应该是……"

我们把这些话逐个研究一下。这些可能只是一些咒语,由那些庆幸没有失去太多(很多时候仅仅是偶然,类似于赌博),或者想要紧紧抓住自己的不幸不放手,又欲以高人一等的姿态支配比自己更不幸的弱者的人传递。

"任凭河水缓缓流淌"听起来很酷,但在我脑子里已经将其转换成"卖身"[1]。

一个将身心都出卖给世俗观念的人,就再也不会产生怀疑或不相信的念头了,因为他们已经将心中所有的迷茫和摇摆一刀切断。人一旦进入这种状态,就变成了欧巴桑或欧吉桑。这与实际年龄无关,有的人十几岁就变成了欧巴桑或欧吉桑,有的人活到八十岁思想依然活跃。

前几天我出差搭乘星期六上午的东北新干线,绿色车厢里坐着四位女性。她们大声说着话,所以我马上知道这是主妇们的旅行。到达目的地前,我听了她们一路的谈话。

看得出她们都过着平静安稳的生活,所以聊的也都是幸福主妇们的日常。如果你换一种方式聆听,会发现她们的对话中始终遵守着"决不违反世俗观念"这条潜规则。对于"另类""不正常"的话绝口不提。

"你们家真好,老公多体谅你。我家那口子一听要住一夜就了不得了。我把饭菜都备好了,连衣服也都洗了,样样搞定后才

---

1. 出自美空云雀《川流不息》中的一句歌词"川の流れに身をまかせ"。其中,身をまかせ的日文原意包含"委身"的意思。——译者注

能出门。回去时还得买些伴手礼。"

"你们家今天晚餐怎么办？"

"我女儿已经念高中了，她做饭。"

"真好，我女儿就不行，我给买了冷冻食品，还贴了便利贴，写上了'微波炉里热一下'。"

她们的对话无不围绕着如何照顾丈夫和孩子，自己又是如何接受这样的生活方式的，好不容易出来旅行一次，等等。翻来覆去，不外乎这些。

这样的聊天我一连听了两个多小时，终于让我明白成为欧巴桑原来是这么回事啊。心里一时接受不了，莫非生怕自己也会误入歧途？

我从车窗可以眺望到白雪皑皑的八甲田山，不知不觉进入了梦乡，睡梦中我喃喃自语：

"女人的一生，果然就是一场'弹球盘'游戏。"

隐藏在"习惯"里的东西
日常の中に潜むもの

大众眼里的"家庭形象"

梦幻般的婚姻生活能维持多久?有的人三天,有的人一个月,有的人能维持到有了孩子以后。而对于有些人来说,可能一辈子都活在梦境之中。

很多看过我的书的读者会感慨地说:"信田女士,你真的是老遇到一些不幸的人啊。"幸福的人不会来我们中心,所以总遇到不幸的人也就不足为奇了。

很多难以置信的事就是会发生在家里,家暴就是一例。只要一提到男人打女人,电视上马上就会有男性发出评论。"卑鄙!""打女人的男人简直无耻!"而看到这一幕的女性观众或许也会认为除了少数不正常的男人,大多数男性不会打女人。那是因为大部分人无法了解别人家的真实情况。

在这样一个信息过剩的时代，很多事情反而会被掩盖起来。最典型的就是"家庭"的形象。很多人甚至产生了错觉，以为自己看到的就是全部真相。那么，我们每天从电视上看到的家庭形象、夫妻形象又是怎样的呢？

艺人们在夏威夷的教堂里举行婚礼、交换戒指，温柔体贴的丈夫照顾孕妻，这些都是爱情的幻想和默认的家庭秩序在影像中的表现。另外，观众对家庭剧中那些在不太宽敞的房间里反复上演的琐碎冲突，也永远不会感到厌烦。奇怪的是，一边是不断增加的虐童新闻，另一边是不停上演的家庭剧。家庭形象正是在这种绝妙的平衡中得到了维护。

落语[1]会用重复的固定句式来讲述故事，人们往往会因为同一个哏而开怀大笑。家庭剧也总是以差不多的剧情来赚取大家的眼泪。

我们的生活就是每天以固定的模式重复着相同的事情。我们称之为日常生活，即习惯。

---

1. 落语：日本的一种传统曲艺形式，与中国单口相声相似。

"家庭"的恐怖

有人认为"习惯"正是家庭带来的一种好处。每天同一时间在同一盥洗室把同一管牙膏挤在牙刷上,朝同一个方向刷牙。然后,坐在固定位子上吃相同的早餐。而住酒店时最让人头疼的就是习惯的打破,你变得不知该从哪里下手才好。酒店不是一个可以随心所欲的空间,做什么事情都必须先想一想,所以对喝茶也需要注入精力,挂个衣服同样得小心翼翼,不然它很可能会掉下来。

但反过来说,这也是家庭的可怕之处。不正常、痛苦的事很容易就成了习惯。在这个空间里很难接触到别人,所以那里的日常生活是怎样的,别人也无从知晓。

孩子被家人虐待致死的事件层出不穷,但也许这与每天早上在牙刷上挤同一种牙膏、对着镜子刷牙没什么不同。

父母突然性情大变,把孩子打成脑硬膜下血肿而死,这样戏剧性的事情一般情况下不太可能会发生。父母打孩子被认为是日常生活中的一件琐事,它没有被当作特殊案件不断发酵,而是成为一个似乎已融入日常生活节奏的事件。

家庭暴力的可怕之处就在于其常态化的特征,而家庭的可怕就在于平淡之中的常态化。

接下来，希望大家回忆一下前面提到的那档深夜综艺。

"我男朋友经常打人。一开门就是一拳，回嘴又是一拳。'盛饭！'话音刚落就动手。两个人玩'123看这边'，无论胜负我都要挨揍。做爱时也不例外……"

说话的年轻女性一直在笑，而在一旁聆听的同龄女性也都在笑。

很多人对此表示指责。"这不就是家暴吗？""这可不是笑的时候吧？"不过这些不是重点。也就是说，像这样的相处已经成了习惯。被男友打总不可能不痛吧？会被打到眼冒金星，脸也会被打肿吧？但她还是可以笑着说出来。这对听众来说也是个笑话。

这样的事情在报纸上随处可见。在一栋不算太大的两层小楼里，一名少女被监禁在其中的一间屋子里好几年，还有一个三十多岁的儿子把自己的母亲关了七年之久。

看起来让人毛骨悚然的文字，正以很平常的方式发生在某个家庭中，就像你每天早上洗脸，按下电饭煲按钮煮饭一样。

该怎么形容日常生活中那股不可名状的力量呢？我想那是由习惯累积形成的不可抗力，就像吸食毒品后中毒的状态。

很多吸毒者会拼着命戒毒五天，一边暴汗一边颤抖着切断自己的手指。但大多数人还是抵抗不住毒品的诱惑，会戒后复吸。酗酒也是一样，经常会发生这样的情况——明明已经戒酒半年，走在同一条路上，不知不觉就把手伸向了自动贩卖机。

明明想要离开，明明知道充满痛苦，但还是走了老路。这种像吸食了毒品一样的日常生活就是"家庭"。

浪漫爱情的破灭

男女两人一旦结婚就开始形成家庭。那不祥的角隐[1]、有名无实的处女之路[2]、一个经父亲之手转交给丈夫的处女（新娘）……仔细想想，这场被命名为"婚礼"的仪式到底意义何在？从那以后，时光流逝，像沙漏中的沙子一样堆积出的是两个人相处的时间。意识到的时候，生活中已经充满了各种"习惯"，麻木如吸食了毒品一样。

---

1. 角隐：在日本传统婚礼中，穿和服的新娘戴在头部的像帽子一样的白色东西。——译者注
2. 处女之路：教堂中央走向圣坛的道路，也称婚礼之路。——译者注

有人会觉得这样的生活多少会有些痛苦。那是因为认为婚姻在人生中有着决定意义的人，即女性，对婚姻寄予了很高的期待，下了很大的赌注。好吧，既然已经"发誓永远相爱"，那么批判她们期待太高、赌注太大未免有些残忍。

但我还是要反复强调，常年的咨询工作让我感到，很多男性只是把婚姻当成一种制度来看待。这并不是说他们不认为婚姻是爱的产物或结果，但感觉更像是盼望已久的东西终于到手，万事俱备。因此对他们来说，婚姻更大程度上是在维持，它是用来支撑自己人生（事业或工作）的基础。

而对女性来说，婚姻就像护照，是一种身份的证明。女性之间也要进行"已婚或未婚""已育或未育"的筛选，就像男人们一碰面就会立马比较社会地位的高低一样。

女性的身份是由结婚、生子等事件来定义的。她们被定义得越多，就越会以同样的方式去定义其他女性。这就是"不幸者同盟"的入口。女性之间相互定义，何其悲催！

这里我想再次提醒大家"浪漫主义爱情"这个说法。那些相信结婚是女人的幸福，换言之，相信"爱""性""婚姻"三者合一才是女人的幸福，并为此走向婚姻殿堂的女性，最终迎来的是美梦的破灭，似乎也只剩下三个选项在等待着她们。

或者守住妻子的地位,成为"不幸者同盟"的一员,继续与丈夫相互依赖;或者以各种形式对丈夫展开报复行为;或者就是离婚。现实中选择第一条路的女性居多,并且这种跨时代的连锁反应绵延不绝。有什么办法可以斩断这股锁链般的力量吗?

我们将在下一章中继续探讨。

第五章 生存下去的『技能』

无法离婚的"权宜之计"
別れられないひとのための「しのぎの生活」

"质疑"就是进步

浪漫爱情的梦想一旦破灭,只要离婚不就好了。看看美国好莱坞的明星们,你就会发现他们是这条简单理论的实践者。如果可以与过去挥手道别,就会有一个未知的世界等着你。之前已经疏远的女性朋友可以重新建立感情。在职场也一定会有新的相遇,或许还可以在那里结识新的异性。又一个浪漫爱情对象即将登场。

然而,选择离婚对大多数女性来说并没有那么简单。光是用"美梦破灭"不足以形容她们遭受的伤痛(丈夫出轨、家暴等)。一旦遇到那种情况,她们会无所适从。花钱来我们中心咨询的人大多就是这类女性。她们长年受到丈夫的家暴、出轨、酗酒、债务等问题的折磨，苦苦忍受，尝试了各种努力都无法从痛苦中解脱，直到来我们中心求助才算跨出了第一步。

那些丈夫实在过分，他们不仅打破妻子的梦想，还伤害她们的身体，一边享用妻子带来的婚前存款，一边对妻子撒谎、不忠，还悠然自得地摆出"丈夫"的架势，若无其事地过日子。即便如此，她们中的大多数人还是希望尽量避免走到离婚这一步。

当我们提出"还可以离婚"的建议时，她们大多会犹豫。既然犹豫就先别离婚，这是我个人的态度。我们机构不是离婚中介，帮助那些想要维持婚姻生活的人也是我们工作的一部分。出于年龄、经济能力等诸多因素的考量，无论婚姻生活有多么痛苦，暂时维持现状也算是一种决断。

很多女性犹豫再三还是决定不离婚。这种情况下最大的问题是，今后要如何与那个"过分的男人"生活在同一屋檐下。

"总之就是钱。""钱就是一切吗？"也会有这样的说法。我想说的是：在如今的政界、商界中，有多少男性会无视金钱，一心追求自己想要的生活方式呢？

哪怕有一次也好，先要对目前的生活提出质疑（"该怎么办"），这样就已经跨出一大步了。我对那些敢于向毒品一样的日常生活发出挑战，试图寻找全新人生的女性表示大力支持。

"调整心态"不管用

那么,以后的日子要怎么过?我想称之为"权宜之计"。换句话说,这是一项技能,关于如何与一个你不想与之共处的丈夫共同生活。

强迫自己做原本就不喜欢的事,很容易对自己造成伤害。生活中将会充满压力、怨恨、对人生的诅咒、对他人的控制以及想要复仇等负面情绪。只有承认并接受"这是自己做出这样的选择必然要承担的后果",然后赋予忍耐意义,才能与现实和解。否则只会消极对待,认为"这是上天给自己的考验",或者哀叹"这就是命运的安排"。

如果不能正确面对,这些负面情绪就会以看不见的方式逐渐将你吞噬。打个比方,就像烂了根的盆栽植物,绿色的叶子看起来挺漂亮,但其实根部已经开始发生质变。等你发现的时候,支撑茎叶的地方全都开始腐烂了。

那有没有防范措施呢?

这绝对不是"调整心态""靠心情"就能解决的事,得有明确的方法和技能。为防止腐烂继续扩大,就必须从获取生活技能开始,并且不断精进。

磨炼演技

我们首先提倡的是"演技",它会让你的感受、表情和言行变得不同于往常。因为如果你直言不讳,可能会对别人造成伤害,使两人的关系无法继续维持,就与最初的愿望背道而驰了。有人可能会说这是欺骗,是撒谎。但既然婚姻已经支离破碎,剩下的就只有徒有其表的外壳了。

是不能徒有其表,还是不能欺骗呢?

我认为没必要强迫自己的情感必须与言行保持一致。就连小孩子也会随机应变,选择不让父母伤心难过的言行。几乎可以说,正是这样的"演技"成就了我们现在认识的自己。

为了每天能与"过分的丈夫"共同生活,你就必须学会无关心情地"微笑",学会口是心非地说"好啊"。最重要的是,要清醒地意识到这是一项技能,一定不要认为"这是自欺欺人","我过着欺骗的婚姻生活","我们是假面夫妻"。只要能笑得驾轻就熟,就可以夸夸自己:"我的演技和应对技巧都提高了。"

要明白,和你讨厌的丈夫生活在一起,会出现各种弊端。

"就算他对我很过分,但既然是自己选择的人,就一定也有他的优点。所以不要去看他讨厌的地方,只看优点。"

这种无稽之谈谁都会说。我就把话放在这里,那是不可能的。

很明显,即便你努力去做一些自己做不到的事(比如只看优点),也是徒劳。与其那样,还不如把自己想象成电视剧里的人物,扮演一个温柔的妻子凑活度日更有效。

要训练自己的回答尽量不要刺激到对方。我们的言行可以通过训练得到某种程度的塑造。对社交有恐惧的朋友,可以去汉堡店打工,学会看着别人的眼睛大声说话。

不要受"真心话"和"真实的自我"的束缚,要全凭"演技"活下去,为此我们得练出奥斯卡奖得主的精湛演技。如果能习惯化、标准化,应对时就更能收放自如了。

无法选择离婚的女性,可以通过这身演技将自己的牺牲降低到最低限度。婚姻本来就是一场冒险,任何夫妻都应该学会对婚姻进行风险管理,把危险与牺牲控制在最小范围内。这可以说是婚姻生活中必不可少的一项技能。

制造丈夫不知道的"秘密"

"没有秘密,无话不谈,分享一切,这才是夫妻间该有的样子。"

最先说出这话的一定是那些上了年纪的男性（请允许我叫他们老男人）。说这话实在罪孽深重，明明就是他们先破坏了自己倡导的家庭形象（理想中的家庭形象）。谁会告诉自己的妻子"我喝酒时摸了店里女生的屁股和胸部"？谁会说"我打完高尔夫就和一个女人去开房了"？

男人在建立家庭，也就是结婚时，已经设立双重标准。结婚意味着不能再与妻子以外的女性发生关系，对男人来说，多么枯燥无味，于是才会出现"婚姻是人生的坟墓"这样的比喻。而与此对立的观点是，"与妻子以外的女性发生关系并不是什么禁忌"。这个比喻从一开始就只是从男性角度出发的，不包含"结婚意味着不能与丈夫以外的男性发生关系，所以婚姻是人生的坟墓"的意思。

我敢说，对"近代家庭该有的样子"深信不疑（人为让她们相信）的一定是作为妻子的女性。

因此，要想维持婚姻生活，就得积极制造一些"秘密"。丈夫不知道的事，不能对丈夫说的话，丈夫不了解的世界，拥有这些之后，妻子才能在与丈夫的生活中取得某种平衡。

婚姻就是一部宏大的虚构小说

你的配偶背后有一个浩瀚缥缈的世界，而你根本无法触及。哪怕二十四小时跟踪他们，也无法掌握对方的想法。

无法承认这一点的恐怕是妻子，她们很难承认丈夫背后有一个自己无法触及，甚至无法想象的世界。因为她们认为夫妻就应该彼此拥有，这是理所当然的。

丈夫们又是怎么想的呢？他们从未考虑过这个问题，因为这对他们毫无意义。没有意义的事情为什么要关心？妻子脑袋里在想些什么，什么时候改变了发型，这些都无关紧要。原因就在于他们确信妻子是归自己所有的。

"我老婆就跟我们家养的狗一样，她的行动范围和狗一模一样，我也是惊了。"一个男人笑着说道。他脸上的笑容未必含有鄙视的意味，他想表达的无非是自己努力工作一天回来，妻子总会在家里等着他，她也不会思考什么太复杂的事情，行动范围就和爱犬差不多，一切都在自己的"领地"之内。（重点来了，）所以"我必须保护她"。

原来如此，妻子无法独立（倒也情有可原，几十年被家务和育儿束缚，时间当然就停在了最初），所以才说"她没我活不成"，所以才说必须保护她。你确定这是爱吗？

我忘了夏目漱石在哪部作品里说过："怜悯近乎爱情。"

从这个意义上来说，这位男士是爱他妻子的——因为觉得她可怜，而那种感情近乎爱情。

这或许只是良知尚存、打算好好过日子、守护家人的那些男人的想法。婚姻生活仿佛是为了不断弥补自己无意间犯下的罪过（这勉强也算是一种责任感，毕竟自己左右了对方的一生，既然剥夺了她的社会能力，那就得保护她了）。他们巧妙地躲过了成为加害者的可能，这就是为什么他们要用一生来弥补自己做过的事。

在"爱"的名义下，女性被夺走了一切：青春，事业，判断力，与人相处的能力，等等。如果说这就是婚后的生活，会不会夸张了点儿？然而，事实上妻子们对此应该是心知肚明的，只是视而不见罢了。

而那些男性剥夺者对此几乎毫无意识，这又是怎么回事？他们不但毫无意识，甚至还说出"是我在养你""你靠谁吃饭"这样的话。很多男性在这方面完全不顾及别人的感受。

他们认为自己劈腿无所谓，被妻子责备反而大喊大叫，说"你也有责任"。妻子若继续不依不饶，他们就暴力相向……啊，我都不想再写这些男人了，觉得写着写着就污秽了自己。

就算不是这样糟糕的男人，他们在婚姻中也都能拥有自己的世界（多半是有经济实力的工作），家庭只是其中的一部分，所以他们才有责任在经济上支撑家庭。笑着把妻子说成"和狗一模一样"，正是这种婚姻制度的写照。如果他的心跑到别的女人身上，也会对妻子彻底隐瞒。很多男人考虑的不是是否出轨，而是如何隐瞒。

为什么要隐瞒？因为不隐瞒就会伤害妻子。既然她交出人生给你"保管"，生活在你的"领地"，你就不能陷她于不幸，所以才要隐瞒。

我见过很多为出轨而烦恼的男女。毫无疑问，在一夫一妻制度下，出轨这件事本身就违反了契约。但他们当中那些为了不伤害妻子而"始终隐瞒"的男性，在渣男排行榜中要排在最前列。

且慢，让我们仔细想想。

为什么丈夫们会产生那样的责任感呢？对女人来说，有一个对自己的人生负责任的男人，不是值得高兴的事吗？如果把婚姻视作一种制度，那些男人的行为或许是对制度负责的表现。这与感情的深浅无关。为了维护制度就必须履行制度的规则，就是对掠夺行为负责，这也是男性所承担的角色。所以对男人而言，这是"履行夫妻义务"。

而妻子对此一无所知,她们相信丈夫的忠诚,感谢丈夫一直在经济上给自己提供保障。她们对丈夫毕恭毕敬,在家务上投入的时间远胜于丈夫,如此日复一日。对女性而言,"夫妻"就应该是这个样子。

如此说来,婚姻就是一部宏大的虚构小说。

男女在这部小说中的区别就在于,有没有意识到自己无意中踏入的这个制度陷阱。男人作为制度的推手,一定具有敏锐的意识。所以他知道"虚构"的本质,他是明知故犯。

从"一无所有"开始
「無いものは無い」からの出発

无"知",将成为木偶

虽然有些拗口,但我认为必须提倡一种"具有认知力的生存战略"。

知道自己的境遇,知道自己的选择,明白咬着牙与那样无趣的丈夫继续过下去是什么情况,在此基础上做出"我现在只能这样活下去"的决定,这样的活法是值得肯定的,对此我们不应该有任何指责。

重要的是有没有这样的认知。就像我前面写的,想通过支配孩子或丈夫来忘记自己的伤痛,或者自己一直深信不疑的"浪漫爱情"其实只是幻想,如果对诸如此类的问题毫无认知的话就有问题了。因为支配会产生连锁反应,可能会让你在无意中成为加害者。

那如何才能具备认知力呢？首先要有知识。不要把自己生活的艰难归咎于别人，而是要知道民法是如何保障女性权益的，了解婚姻制度是如何产生的。我们必须要知道，现在大家认为理所当然的各种人际关系，事实上都是通过制度来维系的。

我认为这些都是文化修养方面的提升，不是只有去文化中心背诵《新古今和歌集》[1]，写写俳句或画画油画才算。

这些常识原本应该在结婚前掌握的，但学校也不教，很多人就在不知道这种制度存在的情况下急着结了婚。

有人曾经说："人类是死于宗教还是文化修养？我不相信宗教，所以会死于文化修养。因此要掌握各种知识。"我们确实会从"知识"中得到帮助。人没有"血"会死，但无"知"会让人成为木偶。

知识会让人对已知的世界产生动摇。会动摇说明你还年轻。一旦说出"男（女）人就是这样"这种话，哪怕是个二十多岁的年轻人，也会立马变成欧吉桑；而如果说"结婚本来就是这么回

1.《新古今和歌集》：元久二年（1205）三月由后鸟羽天皇主持，藤原定家等六人编撰完成的和歌集，收录和歌1979首，与《万叶集》《古今和歌集》并称"日本三大和歌集"，代表了日本中世纪的和歌新风。

事",立马就会变成欧巴桑。

很多事情看似稳定,实则摇摆不定。为什么会动摇呢?……要始终保持这样的好奇心。这比打一针十万日元的胶原蛋白还管用。

持续"动摇"的有效方法是提出异议,女权主义便是如此。男人们只要听到"女权"两个字便会一口拒绝。"这样真的好吗?"我时常在想,为了避免变成欧吉桑,男人明明就应该提出这样的异议啊。

我认为,女权主义还倡导了帮助弱势、少数群体以及被排挤的人群等思想。所以每当我内心产生动摇的时候,就会不断问自己:"有些人是否因为我们的某些行为被迫成了少数群体?或许我自己就属于少数群体?"我所理解的女权主义十分灵活,并非都是"男人全是坏的,女人全是受害者"这样僵化的思想。

相信"还有"的人们

日本经济长期低迷且深不见底,政府发布的"已经触底"的消息不知道被推翻多少次了。几年前我在新年的报纸上还看到过"经济有望春季回升"的消息,结果春天来了,经济更差了。甚至有人期待如果皇室产下男孙就会带来经济复苏,不过这样的想法也瞬间幻灭了。

酒精依赖症也有类似这样"触底"的说法。

因为酗酒,家庭关系恶化,健康受损,连工作也受到严重影响。患者觉得这样下去,自己迟早会完蛋,于是决定戒酒,值得庆幸的是最终把酒给戒了。每次回想起来,他们都会觉得那是他们人生的谷底。也就是说,当人生走入绝境,在那个节点不得不转变方向,这就是"触底"。

日本的经济就像一个酒精依赖症患者,也许只有彻底走入绝境,挤出脓液,才会有转机吧。

这样举例也许不太恰当。酒精依赖症患者也会认为自己"应该还是有希望的","可能只是自己喝的酒有问题"。即便他们看到镜子里的自己脸色变为黑红,看到家人濒临崩溃,依然觉得这一切都不是真的,然后继续喝着酒活在自己的幻想当中。

一个为公司奉献了近三十年的人,把公司看得跟自己的姓氏一样重要。他同样以为,公司也一直在守护着自己。漂流在公司创造的这个世界中,自己每天都在认真地工作。被自己视为全世界的这个公司,怎么会说不需要就裁员了呢?不,不可能。

虽然从来没想过公司是因为自己而存在，但至少它还是需要我的吧？

可为了公司的利益，自己可能要全身而退了。自己能到今天这样，也都仰仗着公司。为了让公司生存下去，不牺牲小我又能怎样？赖在这里反对裁员，聚众抗议，对公司一点好处也没有。

考虑到这些，即便丢了饭碗，他们依然会一大早打着领带提着包，乘坐同一班车抵达终点。远处隐约可见的是公司大楼。公司确实还在，而自己必须在这里打发掉本该在工作的时间。

就这样，很多中年男性会在图书馆、漫画咖啡馆，以及公园的长凳上度过，直到傍晚时分才回家。

"触底"对他们来说意味着什么？他们始终沉浸在对公司的幻想当中，恐怕无法面对自己已被残酷抛弃的现实。

类似的情况同样存在于夫妻之间。

有些人可能一开始就不打算相信现实残酷，便一头扎进了婚姻。正如我一再强调的那样，很多女性完全被洗脑，深信把"爱""性""婚姻"捆绑在一起，做到三者合一就是"女人的幸福"。

要打破女人的这种观念，是否和让一个把人生都奉献给公司的男人接受自己已被公司抛弃一样难呢？

因为已经无法挽回

每个人都知道失去了就是失去了,无可挽回。但事实上,要真正摆脱一路支撑你的观念或信仰是极其困难的。

例如日本战败后,有些人仿佛失去了一切,不知道该相信什么,也不知道要如何继续活下去。可是仅仅过了三个月左右的时间,这些人的说法就完全变了样。"鬼畜美英"[1]的叫法突然转变成"美国民主主义"。

另外,也有人为了生存不择手段,拼命先填饱肚子再说。

把现在与战败时相提并论也许不太恰当,但有人把泡沫经济比作第二次战败。近两三年内,经济衰退带来的大量裁员、企业倒闭,是战后以来前所未有的社会动荡。

本该拥有的东西却消失不见,人们会如何面对这种状况呢?大致分为三类:第一类人,会开始思考接下来该怎么办;第二类人,会认为这种事不可能发生;第三类人,会觉得原本就不曾拥有,所以也无所谓。其中第三类人暂且不在本书的讨论范围,因为我怀疑是不是真的存在对浪漫爱情无动于衷的女性。

---

1. 鬼畜美英:"二战"时期日本的一个用词,指无恶不作的美英士兵,也有特指美国士兵的。

欧吉桑们应该都有家庭吧。"再不济还有家人"，这种过于乐观的想法支撑着很多处在人生边缘的下岗男性。在职场没有容身之地，回家煮面给妻子吃的好男人还真不少。

那欧巴桑呢，如果放弃婚姻还剩下什么？人到中年，没有任何证书，不再苗条，又满脸长斑，毫无颜值的女性要如何生活下去？她们正是被欧吉桑那样的"最后的家人"背叛的人。这些女性把赌注都压在丈夫身上，可如今丈夫被裁员，原本不太能碰面的那个人彻底回归了家庭。现在，妻子们面临的是必须再一次支持自己的丈夫。接下来该怎么办？

无性无爱的婚姻，可以继续

女性触底反弹的速度会比较快，因为原本就没什么幻想的余地。从一开始就没有最后的归属，既然如此，只能从"一无所有"和"事已至此"的角度出发，顽强地活下去。

从正视"无性无爱的婚姻""与丈夫之间有着难以逾越的鸿沟"这些问题开始，重新出发。

有人认为没有爱的婚姻就该结束，也有很多人说："真不愿意和自己不喜欢的丈夫一起过日子。"

无法忍受呼吸同样的空气，不愿意用同一台洗衣机洗内衣裤，也不想用同一盆水洗餐具，甚至连丈夫碰过的餐具也非得用开水消过毒才行。现实中这样的夫妻有很多。

那怎么办呢？

那还不简单，离婚啊，和讨厌的丈夫分手才是正确的做法。

曾经有一段时间，这种回答还没有显得那么不切实际。因为很多人认为，经济泡沫的破裂只会让日本经济增长的速度放缓而已。

然而进入二十一世纪以来，经济陷入无止境的萧条。裁员、下岗等已经成了日常用语。不少来我们中心做心理咨询的人都说了同样的话："我丈夫的公司终于倒闭了。"

在这样的大环境下，因为没有爱就选择离婚会面临何种境遇呢？如果能拿到赔偿金自然最好，但很多家庭的情况是房贷还未缴清，丈夫的退休金又没到手，就算他想给妻子补偿，也是心有余而力不足。

更何况提出离婚的还是人到中年的妇女，她们出去工作还是在很久以前没有电脑的时代。就算去职业介绍所，恐怕也会被一群疯狂找工作的中年男性吓到，还没进门就决定要放弃。

既然如此，我们何不开个脑洞，转变想法呢？

没有爱的婚姻也可以继续，因为它是一种制度。

再不愿意也没办法，生活总要继续，并且心里得想着"这样的选择没有错"，要挺起胸膛继续往前走。

无爱无性就不是夫妻，这种传统观念现在完全可以被颠覆了，更何况它形成的时间并不长，人们甚至搞不清它什么时候在日本就变成了一种观念。

我经常会对那些经过深思熟虑还是决定"不离婚"的女性说这样的话：

"你就把他当作一尊佛像，安安静静在坛上供着，他就不会伤害到你。就算他不理睬你的任何抱怨也没关系，就当是和一尊地藏菩萨在过日子。

"我唯一希望你做到的就是，无论如何也别想着自己非得努力陪他到最后，或者一定要拯救他。你们生活在同一个屋檐下，如何让自己不受伤才是你唯一需要考虑的。

"最后一点，请你一定要认识到浪漫爱情的美梦已经破灭，妻子的地位也不过是名存实亡。如果你能清醒地意识到这些并坚强地走下去，我会远远地祝福你。"

知道羞耻的重要性

临近尾声,有一件事无论如何得写一下。

如我前面所述,对于明明婚姻关系已经破裂,但因为缺乏经济能力或害怕孤独等而选择维持现状的人,谁也无权横加否定。但还有些人,哪怕没钱、没工作,依然有勇气选择离婚,或者就算生活水平降到最低,也要一个人过日子。对于这样的人,我希望大家永远不要对她们说以下这些话:

"不是所有人都像你这么坚强。"

"你很特别。"

"是我懦弱又没用。"

"我们家孩子还小。"

"如果我再年轻十岁的话……"

"有钱真好啊。"

在一个大多数女性依靠父母、丈夫或孩子生活的社会里,敢于跳出婚姻制度,选择一个人过日子这条少数人才会走的路,需要非同寻常的勇气,毫无疑问她们是值得敬佩的。那些自己离不了婚的人难道不知道,用一句"她很坚强"就抹杀掉别人所有的努力和勇气,是多么荒诞无稽吗?

这和坚强或懦弱又有什么关系？我们不难想象，即便看起来很坚强的人，离婚前同样会烦恼、彷徨，同样需要鼓足勇气。希望大家可以坦诚地承认："我们办不到的事，她办到了，了不起！"这同样也是一种自我"认知"。

能够对自我有认知也是有羞耻心的表现。

即使遭到丈夫背叛，也要依仗他的成就，同时又操纵着自己与孩子的关系，还试图说服自己"平安康泰就是幸福"，这绝对不是一种值得骄傲的生活态度。希望大家可以在充分意识到这一点的基础上，作为一个妻子生活下去。

已婚的和未婚的，有孩子的和没孩子的，离婚的和没离的，有钱的和没钱的，家庭主妇和风俗女性，年轻妈妈和高学历妈妈……女性之间只要还存在着这些分界线，这个社会就不会让她们好过。

后记
おわりに

想说想写的全都在这儿了,真有一种畅快淋漓的感觉。

书中所写的内容暂且算是我现在的所思所想。明年没准会更进步,退步也没准。我喜欢生活中的这种不确定性。

话虽如此,我还是为自己写了这么一本趾高气扬、自以为是的书而感到有些羞愧,但同时也意识到只要还知道羞愧,问题就不算大。

书中出现的好多人给我留下了难以忘怀的印象。他们时而让我疑惑,时而又让我抱臂思考。我在介绍他们的时候,尽可能变换情景进行描述:一方面是出于职业操守,另一方面也是考虑到当事人的隐私。但人物的真实性并不会因此受损。我希望大家在阅读的过程中可以产生共鸣。

自从遇到他们,我才开始想要把学术中的抽象定义转变为实际问题和具体事件。生动的、琐碎的、奇妙的事情，每天都在家庭中发生着。我想在这些事情与制度、学问之间搭建一座桥梁，这是我在做心理咨询工作的过程中萌生的另一个愿望。

无论什么性别、年龄的读者朋友，在阅读本书的过程中，不管是怀疑还是感到痛快，抑或觉得可以冲破这令人窒息的、看不到未来的现状……总之，先活下去。如果大家能这样想，对我来说就是件无比高兴的事。

感谢讲谈社古屋信吾先生从远方给予我的鼓励。另外同样感谢松户幸子女士，她在百忙之中还要持续忍受我一年多的怨气，她深知只要我生气就能写出东西。多亏有他们的帮助，我才能完成这本书。

最后，我要向所有支持我的人表示由衷的感谢。

谢谢你们。

信田小夜子

文库版后记
文庫版あとがき

最高温度持续在三十五度以上的炎热天气,加上降水量偏少的趋势,在这样的担忧中,今年的夏天即将结束。

回想起九年前的相同时节,我手捧着本书的单行本,看着它的封面感慨万分。现在回想起来,那时的我正处在人生的重要转折点。也许正是这个原因,这本书从头至尾的每一个字都充满着能量。当时我也是五十好几的上了年纪的人,但现在重读这本书,竟然会有一种"当时好年轻啊"的奇妙感觉。

总的来说,这本书更偏重夫妻关系而不是亲子关系。毋庸置疑,两者在家庭中有着千丝万缕的联系,难以分割。我已经写了好几本相关的书,只不过主题不同,侧重点也略有不同。

其中一些内容是在2001年颁布《配偶暴力防止暨受害者保护法》后立即动笔写的,面对那么多处于悲惨境遇的妻子,有太多话不吐不快。回想起来,这本书是我在难以形容的愤怒、愤懑和义愤的推动下一气呵成地完成的。另外,书中片假名随处可见,那是因为我对近代家庭与家长制略有研究,大概是受到了影响吧。

本书中我花了大量篇幅来讨论与帮助那些无法跨出离婚这一步的中老年女性,告诉她们一些如何在现有生活中继续生存下去的智慧以及战略。

"就算明知道应该离婚,我也离不了。"

"连那个人的脸都不想看一眼,更别说还有什么爱情。可一想到离婚后的生活,就觉得还不如维持现状。"

"凑合着和丈夫共处一室,有什么窍门吗?"

很多女性当时说过的话,在九年后的今天看起来更具有现实意义了。

从2003年起,就有人指出日本经济将陷入长期低迷状态,自杀人数的不断增加也会成为日益严重的社会问题。然而2011年"3·11"东日本大地震以及日本福岛核泄漏事故却是始料未及的,很多人也没有料到社会贫富差距以及贫困问题会变得如此严重。

这个时代,连年轻人都难以找到全职工作,更何况是过了中年的妇女。她们一旦与老公离婚，就很难有收入维持正常的生活。为了能在这样的时代生存下去，我在书中提到了女性必须思考的一些问题，似乎很有先见之明。

既不能爽快地做出选择，又自暴自弃地放弃思考，这样过日子的女性我无法责怪，也做不到抛弃她们。作为一名心理咨询师，我越来越强烈地感受到这一点。

在文库本出版之际我想做以下声明。

本书中作为关键词出现的"共同依赖"，当时在学术界还没有统一的定义，今时今日已被滥用。关于"共同依赖"的描述，有些地方我本想加以修正，但为了不破坏这本书的整体走向以及气势，我放弃了这个念头。所以原封不动地保留了当初想要努力达到的高度。

此外，关于家暴问题，在本书出版后我有幸参加了内阁府工作小组，参与了和家暴加害者相关的一些计划。有关这部分的内容，除了明显需要改正的地方，其他一律保留了原书内容。

我还尝试修改了与时代背景略有不符的一些表述（例如杂志内容等）。

关于以上几点，希望能得到各位读者的理解。

因为开头所述原因，在我所有的作品中，这本书是我自己最为喜爱的一部。我认为它如实、坦诚地表达了我看待一些问题的思想起源。

经过九年的岁月,本书能够以文库版的形式再次出版,我由衷地感到高兴。如果书中的内容能让读者在当下的生活中得到些许启发,作为作者的我将感到无比喜悦。

信田小夜子
2012 年 8 月末

图书在版编目（CIP）数据

我的婚姻还有救吗？/（日）信田小夜子著；董方译. -- 北京：中信出版社，2023.1
ISBN 978-7-5217-4820-8

I. ①我… II. ①信… ②董… III. ①婚姻问题－心理咨询 IV. ① C913.13

中国版本图书馆 CIP 数据核字 (2022) 第 186870 号

KAZOKU SHUUYOUJYO:
AI GA NAKUTEMO TSUMA WO TSUDUKERU TAMENI by SAYOKO NOBUTA
Copyright © 2012 by SAYOKO NOBUTA
Original Japanese edition published by KAWADE SHOBO SHINSHA Ltd.
Publishers All rights reserved.
Chinese (in Simplified character only) translation copyright © 2022 by CITIC Press Corporation
Chinese (in Simplified character only) translation rights arranged with
KAWADE SHOBO SHINSHA Ltd. Publishers through
BARDON CHINESE CREATIVE AGENCY LIMITED, Hong Kong.

我的婚姻还有救吗？
著者：　　[日] 信田小夜子
译者：　　董方
出版发行：中信出版集团股份有限公司
（北京市朝阳区东三环北路 27 号嘉铭中心　邮编　100020）
承印者：　鸿博昊天科技有限公司

开本：787mm×1092mm　1/32　印张：7.75　字数：140 千字
版次：2023 年 1 月第 1 版　印次：2023 年 1 月第 1 次印刷
京权图字：01-2022-6331　书号：ISBN 978-7-5217-4820-8
定价：59.80 元

版权所有·侵权必究
如有印刷、装订问题，本公司负责调换。
服务热线：400-600-8099
投稿邮箱：author@citicpub.com